Você é o autor da sua história

STEVE CHANDLER

Você é o autor da sua história

SEXTANTE

tradução
Heloísa Mourão

preparo de originais
Melissa Lopes Leite

revisão
Ana Grillo
Rebeca Bolite
Tereza da Rocha

diagramação
Marcia Raed

capa
Miriam Lerner

impressão e acabamento
Yangraf Gráfica e Editora Ltda.

CIP-BRASIL. CATALOGAÇÃO-NA-FONTE
SINDICATO NACIONAL DOS EDITORES DE LIVROS, RJ

C43v Chandler, Steve, 1944-
Você é o autor da sua história / Steve Chandler [tradução de Heloísa Mourão]. Rio de Janeiro: Sextante, 2010.

Tradução de: The story of you
Inclui bibliografia
ISBN 978-85-7542-546-6

1. Identidade (Psicologia). 2. Autopercepção. 3. Autorrealização (Psicologia). I. Título.

CDD: 158.1
10-0177 CDU: 159.947

Rua Voluntários da Pátria, 45 – Gr. 1.404 – Botafogo
22270-000 – Rio de Janeiro – RJ
Tel.: (21) 2286-9944 – Fax: (21) 2286-9244
E-mail: atendimento@esextante.com.br
www.sextante.com.br

Para
Kathy

SUMÁRIO

Capítulo 1: Como você adquiriu a sua história? 11

Capítulo 2: O caos e a ordem 16

Capítulo 3: Você é uma história contada por um tolo? 18

Capítulo 4: Silencie a voz em sua mente 22

Capítulo 5: Determinando o nível do seu sucesso 27

Capítulo 6: Qual é o verdadeiro segredo do sucesso? 31

Capítulo 7: Uma doce dose de inspiração 35

Capítulo 8: A história do envelhecimento 38

Capítulo 9: Transformando sua história numa chama 45

Capítulo 10: Você administra o seu tempo? 49

Capítulo 11: Fraudadores de currículo 54

Capítulo 12: O poder da criação consciente 64

Capítulo 13: A história de dar e receber 69

Capítulo 14: Você escolhe: prazer ou felicidade? 74

Capítulo 15: Rumo ao glorioso desabrochar infinito 80

Capítulo 16: Histórias que contamos para agradar os outros 85

Capítulo 17: De onde extraímos nossa força de vontade? 90

Capítulo 18: Tanto o sucesso quanto o fracasso acomodam 95

Capítulo 19: Uma história se desfaz 99

Capítulo 20: Como acaba a sua história? 102

Capítulo 21: Agora tentaremos o impossível 112

Bibliografia recomendada 118

Agradecimentos 119

"E os que dançavam foram julgados loucos por aqueles incapazes de ouvir a música."

– Friedrich Wilhelm Nietzsche

CAPÍTULO 1

Como você adquiriu a sua história?

> *"Todas as crianças nascem artistas. O desafio é continuarem artistas depois que crescem."*
>
> – Pablo Picasso

Durante a infância, você, assim como a maioria das crianças, deve ter se visto rodeado por adultos exigindo que se sobressaísse ou mostrasse logo um talento a fim de terem o que contar aos outros. Eles não esperavam que você construísse a sua vida – só estavam interessados na sua *história*.

Desde cedo você foi obrigado a se enquadrar em parâmetros determinados por essas pessoas e, a partir daí, passou a recontar para si mesmo e para os outros uma história que nunca traduziu de fato seus anseios e vontades. Sim, a sua história é algo artificial, inventado por você e pelos que o cercam. E digo mais: ela representa um obstáculo a todas as coisas que você deseja conquistar.

Vou falar sobre um exemplo de vida que tem muito a ver com a minha história.

Charlie Lau era treinador de beisebol. Ele se tornou um respeitado técnico de rebatidas de sua época, embora no passado, por um longo tempo, ele tenha sido péssimo nisso. Durante parte de sua carreira, sua média de aproveitamento fora de 18% por temporada – longe dos 30% que os melhores jogadores atingem. Até que, em 1962, ele mudou radicalmente seu estilo para tentar uma vaga no time dos Baltimore Orioles. Desesperado, Charlie resolveu adotar uma postura resgatada do século XIX: pés bem afastados, taco quase paralelo ao solo. E, assim, bateu o recorde da liga profissional. Sua média saltou para 29,4%. Ele aprendeu a rebater e em pouco tempo estava pronto para passar seu conhecimento para outros atletas.

Na década de 1980, ele ensinou George Brett a acertar quase 40%. Dizia-se então que ele era o melhor técnico que já existira. Charlie Lau, obviamente, não tinha um talento inato, mas se esforçou para evoluir. Aprendeu muito mais sobre rebatidas do que os jogadores eficientes que não precisavam se esforçar.

Talvez seja por meio da dor e do esforço que o ser humano mais cresça. E esta pode ser a razão pela qual os melhores treinadores esportivos são aqueles que fracassaram muitas vezes. Raros são os treinadores que se destacaram também como jogadores.

Em seu livro *O mito da doença mental*, o célebre psiquiatra Dr. Thomas Szasz diz o seguinte: "Cada ato de aprendizado consciente exige disposição para sofrer golpes na autoestima. É por isso que as crianças, que ainda não se tornaram conscientes de seu próprio valor, aprendem com tanta facilidade; e é por isso que pessoas mais velhas, especialmente as mais vaidosas ou presunçosas, não conseguem aprender de modo algum."

Muitos adultos são mesmo vaidosos e presunçosos. Nunca admitem que não sabem alguma coisa. Suas histórias se apoiam na convicção de que já aprenderam tudo o que há de importante. Eles associam sua autoestima ao sentimento de plenitude – como se fossem uma obra de arte perfeitamente acabada.

A falsidade e a fragilidade da história de uma pessoa aparecem quando ela passa por uma situação difícil. Minha amiga

Marianne, que é advogada, estava preocupada com um grande problema. Ela precisava trabalhar num julgamento importante, mas não conseguia achar disposição para lidar com as pesquisas e as comunicações prévias necessárias. A história de Marianne não deixava que ela agisse. Dizia que ela deixava tudo para a última hora e que não era uma advogada adulta e confiável, mas uma farsa.

Eu era o orientador de Marianne e, como Charlie Lau, havia aprendido uma nova estratégia para superar minha falta de habilidade para acertar. No jogo da vida, passei anos acertando cerca de 18%. Mas minha nova postura de ataque me proporcionou uma boa melhora no meu aproveitamento.

– Essa história de você deixar tudo para depois não é verdadeira – eu disse a Marianne. – Quer resolver seu problema atual?

– Sim. É por isso que estamos trabalhando juntos. Sabe como fazê-lo?

– Sei. Esmague-o.

– O que quer dizer com isso?

– Tome atitudes firmes que sufoquem o problema. Pratique ações absurdamente desproporcionais. Confunda o problema. Chute-o para fora do Universo. Aniquile, abata, pulverize-o. Esse é o meu conselho.

Marianne começou a rir. Depois se mostrou interessada.

– Eu posso fazer isso – ela disse, com esperança. – Mas não é do meu feitio.

– Lá vem você de novo... Está se confundindo com a sua história. Você não é a sua história. Ela é uma invenção.

– Então quem sou eu?

– Que tal uma esmagadora de problemas?

Marianne pôs ordem na casa. Organizou seu escritório para estimular a ação. Chegava cedo ao trabalho e, em vez de tentar deduzir quanta energia tinha para dar àquele projeto, em vez de tentar ajustar sua força à tarefa em questão, Marianne se superou. Mergulhou de cabeça. Horas e horas de massacre frenético. Ela detestava o problema e estava usando toda a sua energia para aniquilá-lo.

Quando a encontrei algumas semanas depois, perguntei como tinha sido o julgamento, e ela respondeu:

– Venci. Em grande estilo. Todo mundo ficou pasmo. Os adversários praticamente desistiram.

– Muito bem. E o que você aprendeu com isso?

– Que eu era menosprezada pelo meu problema. Era ridicularizada e humilhada por ele. Fazia com que me sentisse menos do que sou. Havia uma menininha em mim que não estava recebendo os devidos cuidados, e eu estava permitindo que ela acreditasse em coisas negativas sobre si mesma: que não era feita para o mundo adulto, não era boa o bastante e tinha mania de adiar tudo.

– E qual é a sua nova história?

– Eu não preciso ter uma, nem pretendo. Quero ser capaz de simplesmente realizar ações diretas, baseadas no objetivo que eu determinar.

– Perfeito. E quanto à história externa?

– Sou a advogada mais obstinada e bem preparada da cidade. Como eu seria capaz de fazer tudo aquilo se isso não fosse verdade?

– Você tornou isso verdadeiro no momento em que agiu. Você possui o poder de fazer qualquer coisa se tornar real num instante. É só voltar àquele lugar de pureza e poder, mergulhar no presente e sair de sua história.

O Dr. Thomas Szasz acertou em cheio quando disse que você precisa sofrer um golpe em sua autoestima para aprender algo novo e que é por isso que os adultos detestam aprender coisas novas. Subconscientemente, sabem que terão que ferir a si mesmos – ou, para colocar de outro modo, precisarão abandonar suas histórias.

CAPÍTULO 2

O caos e a ordem

"Eu aceito o caos. Só não tenho certeza de que ele me aceita."

– Bob Dylan

Eu costumava contar sobre mim mesmo a história de que criava o caos em todo lugar aonde ia, que era desorganizado e que precisava mudar. Também dizia que havia algo errado comigo e que não estava à altura dos adultos organizados.

– Qual é o problema com o caos? – perguntou meu consultor financeiro, Steve Hardison.

– Bem, eu não deveria ser assim. – respondi. – O caos é ruim, não é? Já viu meu escritório?

– Deixe eu lhe contar uma história. Certa vez fui ao Japão a trabalho e me surpreendi com a desorganização do escritório de um executivo muito poderoso. O lugar parecia ter sido devastado por um furacão. Mas quando pedi determinada informação, na mesma hora ele sacou um documento de uma pilha de papéis ao seu alcance. Percebi que ele era incrivelmente organizado e que sabia onde estava cada coisa. A maioria das pessoas teria que ir ao arquivo e procurar por algum tempo.

Pensei em meu escritório daquele modo, e fazia sentido. Eu sabia onde estava cada item e não precisava vasculhar em arquivos para encontrar nada. Estava tudo bem ali, ao meu alcance. Bagunçado, talvez, mas instantaneamente acessível.

Hardison disse:

– Você conhece a teoria do caos?

– Sim – respondi. – Li um livro que dizia que o Universo parece caótico apenas à primeira vista.

– Exato! O caos é a mais elevada forma de ordem. É a ordem num estado mais sofisticado. Você *pode* ser mais organizado – disse Hardison –, mas não considere o caos um erro. Faça as pazes com ele. Só assim poderá controlá-lo melhor.

Hoje não permito mais que a desorganização faça parte de minha história. Apenas descubro o que será útil às ações que pretendo tomar.

Comecei a trabalhar e arrumar meu escritório de maneira diferente. Em vez de olhar para a "bagunça", soltar um suspiro profundo e me perguntar por que sou tão desajustado, agora contemplo o que há ao meu redor. Observo tudo com admiração e alegria. Assim como um artesão molda o vidro guiando o líquido incandescente com seus sopros enquanto gira sua ferramenta, permito que o caos se harmonize com a minha missão.

CAPÍTULO 3

Você é uma história contada por um tolo?

"Histórias são equipamentos para a sobrevivência."

– Kenneth Burke

O período posterior ao 11 de Setembro foi uma época economicamente terrível para muitas pessoas. Aviões decolavam vazios e os negócios estavam estagnados. Foi problemático sobretudo para as pessoas que ganham a vida dando palestras, viajando o tempo todo para convenções e seminários, pois a maioria desses eventos foi cancelada.

Isso ocorreu num momento em que eu não tinha condições de me sustentar com uma renda menor. Tentei pensar positivo: "O que posso tirar de bom desse acontecimento?" Quase ninguém que conheço se lembra de agir assim, mesmo depois que ensino. Mas esse pensamento funciona como um grande modificador de histórias.

Procurei analisar o cancelamento de eventos por toda parte nos Estados Unidos. Comecei a telefonar para as empresas que suspenderam grandes reuniões, congressos e convenções de negócios. Meu argumento básico foi o seguinte: "Sei que, no momento, vocês não estão podendo realizar seus encontros como gostariam. E também que, com o impacto dos últimos acontecimentos, o moral de seus funcionários não deve estar muito alto. Acredito, porém, que é agora que eles mais precisam receber uma injeção de ânimo. Quero ser a sua solução! Levarei os seminários à sua empresa. Produzirei CDs personalizados que os funcionários vão poder ouvir enquanto dirigem, criarei um empolgante programa de motivação e consultoria on-line com instruções e mensagens positivas, organizarei uma teleconferência estimulante de 50 minutos e mandarei novos livros mensalmente para manter todo mundo entusiasmado e focado."

Os executivos ficaram fascinados com minha oferta e acabei fechando mais negócios do que nunca. Eu estava usando um período de declínio financeiro como uma oportunidade para ajudar as pessoas e conquistar novos clientes.

Agora vem a parte curiosa.

Certo dia, almocei com um grupo de palestrantes no intuito de conversarmos a respeito do trabalho e compartilharmos histórias sobre nossa área de atuação. Eles se queixavam de que o 11 de Setembro prejudicara seus negócios. Por ironia, tratava-se dos mesmos palestrantes que, ao pegarem o microfone, são poderosos e eloquentes e ensinam suas plateias a *superar* as adversidades. Porém, quando eles mesmos tiveram que enfrentar os efeitos daquele desastre, ficaram paralisados.

Meus colegas não sabiam sair dessa situação porque achavam que suas histórias eram reais. Precisavam delas para explicar suas performances medíocres.

Há pouco tempo, ofereci meus serviços de consultoria a um cliente que também é palestrante, escritor e líder de considerável renome no ramo dos seminários motivacionais. Vou chamá-lo de Mack para preservar seu anonimato. Quando comecei a me reunir com Mack para orientá-lo na expansão de seu negócio, ele me contou a história de sua renda nos últimos anos e apresentou o "fato" de que os ataques terroristas o prejudicaram financeiramente, assim como causaram danos a todos nesse ramo.

– A mim, não – eu disse. – Sou do mesmo ramo que você, e tudo isso me ajudou imensamente.

– Bem, não consigo ver como, pois tive um péssimo ano. Aliás, dois péssimos anos.

– Essa pode ser a sua história, mas não é a verdade.

– Como não? Pergunte a qualquer palestrante.

– Essa também é a história deles. Eu sei.

– Meus negócios desceram pelo ralo depois do 11 de Setembro. O que mais poderia ter causado isso?

– Você. Você e a sua reação aos fatos.

– Como assim?

– Você criou uma resposta inadequada e derrotista. E, até que seja capaz de enxergar isso, não conseguiremos ir muito longe com esta consultoria.

Mack se calou. Parecia estar ponderando o que eu havia dito. Finalmente, percebi que se dispôs a rever a história de sua carreira no período em questão.

Ele disse:

– Talvez tenha sido minha fraca reação aos acontecimentos que prejudicou meus negócios. Então, o que devo mudar?

– Tudo o que precisa mudar é a história. A *sua história* atual diz que houve uma catástrofe, que ela foi poderosa e que você estava indefeso, e portanto perdeu dinheiro. Você inventou isso. Minha reação me trouxe ganhos porque criei uma versão mais útil para mim.

– E que versão criou?

– Decidi enxergar uma possibilidade de ajudar clientes que ficaram abalados e que precisavam de uma injeção de ânimo. Criei uma história em que as empresas desanimadas pelo cancelamento de grandes eventos se revelaram grandes oportunidades de negócios. E, usando essa versão em vez da sua, eu prosperei.

– A minha não era lá muito boa.

– Não era útil. Era boa, de certo modo. Serviu para aquela

parte sua que queria uma desculpa. Histórias sempre servem a alguma parte de nossa personalidade. Acreditamos que precisamos de álibis. Cabe a nós descobrir se elas estão servindo à nossa parte fraca ou à parte forte.

Embora Mack vivesse de ensinar outras pessoas a encontrar força na adversidade e a tirar uma lição de cada problema, ele não estava colocando seu próprio discurso em prática. Era mais fácil viver uma história que o transformava em mais uma vítima de Osama bin Laden. Mas, se pretendo de fato trabalhar com ele, devo redirecioná-lo à fonte de seu poder. Sei que, assim que for capaz de enxergar as histórias que inventou para si mesmo e perceber o poder que elas têm de limitá-lo, ele será capaz de criar novas versões.

As histórias têm um grande poder de mudança. No caso da de Jesus e Lázaro, por exemplo, não foi exatamente a ressurreição de Lázaro que impactou as pessoas de modo inesquecível, mas a *história a esse respeito*. Foi ela que se espalhou pelo mundo e o modificou.

Às vezes a imagem que tentamos passar para os outros está tão distante da realidade que chega a ser cômico. Peça a quatro pessoas que cresceram na mesma família que recontem individualmente algum grande evento ou um momento traumático do qual todos se recordam. Você ouvirá quatro versões completamente diferentes.

Isso significa que as histórias dizem mais sobre os medos e mágoas internos do narrador do que sobre comportamentos externos. Nós projetamos nossas visões no mundo e fazemos com que o mundo reflita o nosso sentimento.

Que prazer sentimos quando constatamos e compreendemos isso! Entramos em contato com nosso poder criador, como um artista que trabalha num torno para modelar a argila úmida.

Agora podemos nos perguntar: quem eu quero ser daqui para a frente?

CAPÍTULO 4

Silencie a voz em sua mente

"Se você ouve uma voz interior dizendo 'Não sou um pintor', então pinte... E a voz se calará."

– Vincent van Gogh

Quando li essa frase de Van Gogh pela primeira vez, muitas perguntas me vieram à cabeça. Em primeiro lugar, o que é exatamente aquela voz que me diz que não sou pintor (ou professor, escritor, cantor, atleta, amigo, bom pai, qualquer coisa), que me põe para baixo insinuando tantas coisas negativas sobre mim mesmo?

Todos ouvimos essa voz, não é? Muitas vezes ela me diz: "Quem é você para cobrar este preço?", ou "Por que acha que as pessoas se interessam pelo que diz?". Às vezes a voz reclama: "Isso é tão egoísta!", ou "Você nunca se organiza; nunca age como adulto nesses assuntos".

Mas se Van Gogh ouvia uma voz que dizia que ele não era um pintor, ela não podia pertencer a ele. Portanto a voz que eu ouvia também não pertencia a mim. Ela era a única coisa que me reprimia na vida e, se não era minha de fato, eu precisava desmascará-la. Sempre pensei que vinha de mim, que era minha consciência falando comigo.

Van Gogh afirma que se trata apenas de uma voz que pode ser ignorada e até desobedecida. Ela sempre parece contar a história de suas limitações e de sua falta de valor. Avisa para ter cautela e não prometer mais do que pode cumprir. Mas se você dá ouvidos a essa voz, sua vida perde potencial.

Creio que ouvimos essa voz pela primeira vez na infância, na boca de nossos pais ou responsáveis. Sua família lhe contou as primeiras histórias, inclusive a mais importante: *a sua.* Eles se preocupavam com você, temiam que não fosse bem-sucedido. Assim, esses medos compuseram algo que se tornou *a sua história*, inicialmente contada pela voz da autoridade. Logo ela foi internalizada e se tornou a voz que Van Gogh menciona e a mesma que me dizia para não escrever este livro porque poderia ser muito revelador e potencialmente humilhante.

Van Gogh nos aconselha a ignorar a voz se desejamos pintar. Somos capazes de silenciá-la fazendo o contrário do que ela diz.

Mas isso não seria perigoso? Não podemos simplesmente sair e fazer *qualquer coisa* que quisermos. Ou será que podemos? Vamos examinar nosso passado e ver o que *de fato* realizamos e o que achamos que somos capazes de fazer agora.

Comecemos pelo seguinte: *nós fazemos o que acreditamos que podemos fazer*.

Acordamos todos os dias e fazemos o que achamos possível, certo? Se não achássemos, por que perderíamos tempo em fazê-lo? Se não acredito ser possível jogar num time de basquete profissional, não vou agendar um teste. Não vou nem pensar a respeito. Isso quer dizer que preferimos ignorar as coisas que julgamos impossíveis.

Portanto o primeiro passo para o ser humano fracassar na tentativa de alcançar seu potencial é fazer apenas o que acredita ser capaz. O segundo passo é acreditar que só pode fazer o que já fez antes. Creio que posso fazer algo ao me lembrar do que já realizei. Então digo a mim mesmo: "Sou capaz de fazer isso. Já fiz antes."

Mas esses dois passos desastrosos não deixam muito espaço para o crescimento. Se faço apenas o que acredito ser capaz

– e só acredito poder fazer o que já fiz antes – acabo estagnado. É por isso que a maioria das pessoas segue repetindo seus hábitos, dia após dia. Elas caem num círculo vicioso. Vão para o trabalho e fazem o mesmo que fizeram antes. Até seus pensamentos são repetições do que já pensaram. Assim, estão sempre presas, vivendo o mesmo dia sem parar, como no filme *Feitiço do tempo*. E quando o dia acaba? As mesmas discussões com a esposa. As mesmas conversas frustradas com os filhos. As mesmas observações sarcásticas sobre o chefe.

Como Van Gogh rompeu com isso? Ele pintou. Desobedeceu à voz e pintou. E somos gratos a ele por isso. Van Gogh pintou para nós, e fomos presenteados com uma linda noite estrelada.

Podemos nos inspirar nele ou em alguma outra pessoa, como um mentor, um guia espiritual ou um orientador. A inspiração é precisamente o caminho para sair do círculo vicioso. O truque é encontrar um herói, alguém que apareça e nos leve para fora das nossas histórias. Que nos belisque e nos acorde do pesadelo, que rompa a hipnose e diga: "Você é capaz de fazer algo novo e audacioso!"

E, antes que nos demos conta, antes que a velha e limitadora voz possa ser ouvida, já estaremos em ação. Antes de investigarmos se essa ação ousada combina com nossa história, simplesmente a *realizamos*. A voz de Van Gogh pode tentar se erguer, mas seu som apagado está a imensa distância, e o pintor agora tem outra voz sob seu comando, que diz: "Cale a boca, estou produzindo!" E ele segue pintando.

As pessoas contratam *personal trainers* para motivá-las a fazer atividades físicas que não acreditavam ser capazes de fazer. Eles são destruidores de histórias, mas não trabalham com isso, e sim com sua energia corporal, com sua capacidade. Da mesma forma, outras pessoas contratam orientadores, consultores e treinadores que enxergam seu potencial e não dão a mínima à história que anteriormente dominava a cena.

A voz que meu amigo Terry Hill escutava dizia que ele desperdiçara sua vida na publicidade quando deveria ter sido um artista, um escritor de ficção ou um poeta. "É muito tarde para você", dizia a voz. Então ele desobedeceu e começou a escrever. Estabeleceu para si mesmo uma disciplina que sobrepujou a voz. Escrevia no mínimo uma hora por dia. Às vezes mais, outras vezes muito mais, porém nunca menos.

Terry não apenas terminou seu primeiro livro, mas também escreveu uma peça que ganhou um concurso importante de dramaturgia e recebeu excelentes críticas. Rapidamente embarcou no segundo livro e em diversos outros projetos literários. Logo as ações de Terry estavam reescrevendo sua história. Aqueles anos como redator e diretor de criação em publicidade não pareciam mais um desperdício de tempo. Ele passou a ver todos aqueles comerciais como "peças curtas", pequenas obras de dramaturgia de 30 ou 60 segundos. Provavelmente essa vida anterior à aposentadoria foi a introdução perfeita para os anos seguintes de Terry como escritor e artista, agora que dispunha de liberdade financeira para fazer o que mais amava. História nova, vida nova.

Quando escrevi *17 Lies* (17 mentiras), quis revelar como essas vozes e crenças são falsas e limitadoras. A ideia para o livro surgiu por acaso, quando um cliente a quem eu dava consultoria começou a me falar de uma profunda falha que tinha: "Não sou muito bom em... Nunca fui bom em..." Eu estava exausto naquele dia e sem um pingo de energia para empregar em reforço positivo, portanto apenas respondi: "Você está mentindo."

Ele ficou surpreso com minha irritação. Afirmei que ele estava mentindo com todo aquele papo de "não sou bom nisso".

A verdade era que ele não tinha a menor ideia de como se sairia em determinada atividade porque nunca tinha feito algo parecido antes. Eu lhe disse para não ficar sentado, desperdiçando o próprio dinheiro e o meu tempo com mentiras e me pedindo que acreditasse nelas. Você iria a um médico e mentiria sobre seus sintomas?

Meu cliente estava pasmo, e percebi que havia tocado um ponto profundo. Ele então começou a sorrir. Por fim, disse: "Você tem razão. Não estou sendo sincero."

Aquela conversa me inspirou a escrever um livro sobre as mentiras que as pessoas contam a si mesmas. Avaliei minha própria vida em profundidade e encontrei um bocado delas. (É embaraçoso, mas coloque-as no papel, calando a voz que o limita.) Observei a vida de pessoas com quem convivi e encontrei ainda mais fraudes.

Por trás de cada mentira está a seguinte convicção: "Sou impotente." Não, não somos. A história sempre pode ser outra: todos temos mais poder do que pensamos. Como a advogada Marianne acabou descobrindo.

Este é o segredo: aprender a ir *além do que você acredita.* Alcançar aquele lugar interior que existe além da crença, pois é ela que está reprimindo o poder que deseja se expressar. O objetivo de chamar meu cliente de mentiroso foi conduzi-lo para além de sua crença e fazê-lo chegar àquele lugar sem história, onde nasce toda energia criativa.

CAPÍTULO 5
Determinando o nível do seu sucesso

"Não pergunte do que o mundo precisa. Pergunte a si mesmo o que o desperta e então faça isso. Pois o mundo precisa é de pessoas despertas."

– Harold Thurman Whitman

Um indivíduo pode perder dinheiro, um negócio ou um companheiro sem se tornar um *perdedor*.

Perder algo não exige que criemos uma história de "perdedor" em torno do acontecido. Em vez disso, podemos compor uma história que diz: "Eu sou forte, ousado e não tenho medo de perder. Até vejo graça na derrota."

Poderíamos fazer isso, mas raramente é o que acontece. Quando as coisas dão errado quase sempre chegamos a conclusões sobre nós mesmos e produzimos um conto em torno delas, de modo que terminamos vivendo de acordo com uma invenção dolorosa.

Um exemplo disso ocorreu em 2004, logo depois do torneio americano de basquete universitário. Nos momentos finais de um dos jogos mais importantes, o Memphis perdia para o Louisville por dois pontos e praticamente não restava mais tempo no cronômetro. Mas ainda não era o fim para o Memphis, pois o time sofrera uma falta e seu principal arremessador, Darius Washington, teria direito a três lances livres. Se convertesse os três, o Memphis ganharia. Se fizesse apenas dois, o jogo iria para a prorrogação, com uma boa chance de vitória. Se acertasse apenas um, o Louisville ganharia.

Washington tinha um aproveitamento de 72% dos lances livres, portanto a torcida estava contando com pelo menos dois acertos. Ele se posicionou com confiança e converteu o primeiro lance. A multidão foi à loucura. Só precisava acertar mais um arremesso. Colocou-se na linha outra vez, mas errou o segundo lance. Agora a tensão era imensa. A última tentativa. Darius sacudiu os braços e quicou a bola algumas vezes para se concentrar. Ele então arremessou a bola num arco perfeito, ela subiu lindamente e tocou o aro da cesta com suavidade, rolou sobre o aro e escapou para fora, direto ao chão! Um lance perdido! Uma derrota chocante para o Memphis!

Darius Washington caiu de joelhos, puxou a camisa e cobriu o rosto enquanto soluçava. Os locutores estavam sem fala e o mundo inteiro viu a figura curvada e em agonia no chão, um jovem solitário no meio da quadra de basquete chorando enquanto as câmeras de TV captavam a dolorosa cena em close. O drama da derrota era agora suplantado pela tristeza daquele rapaz. Ele fez seu time perder o jogo. Ele o perdeu.

Surpreendentemente, a visão de uma dor tão avassaladora tocou as pessoas em todos os lugares. Os torcedores do Memphis logo superaram a derrota quando viram o sofrimento do jovem Darius. Após o jogo, os fãs participaram de programas de rádio locais para manifestar seu apoio a ele.

O ator Tyrese Gibson estava em Toronto para as filmagens de *Quatro irmãos* quando viu pela televisão o jogo, os lances perdidos e a angústia de Darius. O impacto sobre Tyrese foi imenso. Ele ficou comovido com a tristeza do jogador. Sentiu que tinha de fazer alguma coisa e deu um jeito de conversar com ele pelo telefone. Desejava que Darius Washington soubesse que tudo ficaria bem, que os altos e baixos fazem parte da vida, que ele era um excelente jogador de basquete e que se recuperaria. "Foi sua paixão que fez com que ele reagisse daquela maneira", disse Tyrese, como noticiado numa reportagem na revista *Sports Illustrated.*

Tyrese Gibson conhecia o valor da paixão. Tendo passado a infância no Watts, uma área barra-pesada de Los Angeles, o belo ator, cantor e modelo afro-americano nem sempre vislumbrou o estrelato. Quando criança, seu sonho era ser lixeiro. Mas, aos 14 anos, seu talento vocal foi descoberto e logo todos os planos de uma carreira em serviços públicos foram ficando para trás enquanto ele perseguia o sucesso no ramo do entretenimento. Abandonado pelo pai ainda pequeno, Tyrese lutou nas duríssimas ruas do bairro antes que sua paixão pela música e pela atuação guiasse sua nova jornada.

Os dois conversaram por um longo tempo, e Tyrese falou sobre a própria experiência em atuar sob pressão diante de milhões de pessoas. Por fim, deu a Darius algo que considerava muito precioso. Nada tangível, apenas algumas palavras – uma frase que ele usa, um mantra diário para se automotivar: "A profundidade de sua luta determinará o nível do seu sucesso."

Hoje, o jovem Darius Washington é uma brilhante, alegre e vibrante estrela do esporte novamente. O passado foi superado. Seu time pode ter perdido naquele dia distante, mas o próprio Darius não é um perdedor. Por quê? Porque essa simplesmente não é a sua história.

A maioria das pessoas pensa que coisas ruins acontecem e que é preciso lutar para vencê-las. Em pouco tempo a história que se enreda como um casulo em torno da perda e da derrota diz que "isso nunca deveria ter acontecido". Ela sufoca, oprime. Tece fios de seda em volta do narrador para que este se sinta mumificado num casulo, uma massa densa sem qualquer espaço para se mover.

É impressionante que Tyrese Gibson tenha percebido os

fios mumificantes começando a envolver o jovem Darius enquanto ele soluçava no meio da quadra de basquete. Tyrese teve a maravilhosa intuição de que seu próprio mantra diário – "A profundidade de sua luta determinará o nível de seu sucesso" – poderia se relacionar com Darius num lugar onde não há história.

CAPÍTULO 6

Qual é o verdadeiro segredo do sucesso?

"Você não precisa de um meteorologista para saber para onde sopra o vento."

– Bob Dylan

"O verdadeiro segredo do sucesso é o entusiasmo", disse o fabricante de automóveis Walter Chrysler. "Mais que entusiasmo, eu diria empolgação. Quando as pessoas ficam empolgadas, elas triunfam", completou ele.

A maioria das pessoas espera que sua empolgação surja do nada. Elas esperam por algo, por alguém. Sentam-se e aguardam que algum fator externo venha chamá-las e empolgá-las. "Um dia meu príncipe encantado vai aparecer..." "Talvez minha empresa me passe uma tarefa mais estimulante..."

Mas a empolgação não funciona dessa forma. Trata-se de um fenômeno *interno*. Os presos que saem do confinamento na solitária ficam empolgados em ver a luz do sol ou um pássaro numa árvore. As pessoas que conseguem um emprego novo ficam empolgadas apenas em dirigir para o trabalho em seu primeiro dia. A empolgação deles é criada pelo seu ponto de vista. E a forma como veem as coisas depende das lentes que estão usando, de *suas histórias*.

Alguns meses depois que o furacão Katrina assolou a Louisiana, o jornal *The Carroll County Times* publicou um artigo sobre uma família de nove desabrigados que chegou a Westminster, Maryland, sem lar ou futuro.

Os dirigentes de uma igreja protestante souberam do drama da família e quiseram ajudá-los. A pastora Marge DiMaggio estava empolgada com a possibilidade de dar auxílio a essas pobres pessoas. "Elas chegaram aqui sem nada", disse ela.

Imediatamente, Marge e outros fiéis aproveitaram uma casa de propriedade da igreja e a converteram num lar aconchegante. Chegaram até a levar seus próprios travesseiros para que a primeira noite da família fosse confortável. Colocaram um novo carpete doado por uma construtora local, penduraram belas cortinas, conseguiram eletrodomésticos e executaram uma completa transformação para embelezar a antiga casa para a desabrigada família Brown. Como se essas coisas não fossem caridade e generosidade suficientes, eles também doaram comida e roupas. Os Brown não tiveram que pagar aluguel ou quaisquer outras despesas.

Após uma permanência de dois meses, a família Brown se reergueu e deixou sua nova casa. Os nove partiram durante o culto numa manhã de domingo, de forma inesperada e para sempre. E quando os membros da igreja finalmente entraram na casa que os Brown tinham deixado para trás, ficaram horrorizados ao encontrarem tudo destruído e vandalizado.

Segundo Keith Brown, de 42 anos, que já estava a meio caminho da Louisiana com esposa e filhos, a propriedade não tinha sido tão maltratada. "Nós limpamos o máximo possível", disse ele. Além disso, Brown afirmou que a família jamais recebeu o dinheiro extra que, segundo ele, a igreja deveria fornecer para ajudá-los a retornar. "Se eu não tivesse feito uns trabalhos por fora, não teria arranjado dinheiro para voltar para casa", disse Brown. Segundo ele, a igreja fez muito, mas não o suficiente para evitar a depredação da casa.

Se a sua opinião sobre essa história for semelhante à minha, não deve ser muito positiva em relação à família Brown. Mas essa opinião não é unânime. Pelo fato de vivermos numa era midiática, que valoriza mais as vítimas do que os heróis, a história que correu na imprensa não ficou nisso. Os jornais decidiram apresentá-la de um modo que os vândalos não ficassem tão mal. O psicólogo Harald Graning foi convocado, num esforço para fazer o caso pender de maneira um pouco mais favorável para o lado dos depredadores.

Graning afirmou que a família que depredou a casa da igreja agiu de forma bastante normal e natural. Quase do mesmo modo que você e eu agiríamos nessas circunstâncias.

"Vamos supor que você esteja levando sua vida e de repente Deus cai sobre você e destrói sua casa. Provavelmente ficaria furioso", disse Graning. Segundo ele, esse tipo de raiva precisa de uma válvula de escape, pois não é possível nem saudável mantê-la guardada. Então, em quem descarregar sua ira? Em Deus? Bem, que tal nas pessoas que o estão ajudando? Mesmo que você e eu vejamos os membros da igreja como os mocinhos, Graning se mostrou pronto para nos corrigir.

"Ser forçado a aceitar caridade é aviltante." Graning disse que o ato de caridade faz só o benfeitor se sentir melhor, e não a pessoa assistida. Quando aquele que recebe não tem como retribuir a gentileza e se vê obrigado a sentir gratidão, pode ficar extremamente frustrado e até mesmo furioso. E, nesse caso, um extravasamento é inevitável.

É assim que termina a reportagem. Os membros da igreja aviltaram a família Brown. A casa foi vandalizada e destruída porque os desabrigados "extravasaram" algo interno para o qual não havia outra válvula de escape.

Fim da história? Não exatamente. A distorção do caso feita pelo psicólogo, para tornar "aviltante" o ato de bondade humana e "compreensível" o ato de vandalismo à propriedade, era tão gritante que chegava a parecer piada. O caso circulou na internet e muitos acharam que se tratava de uma brincadeira de algum site de humor.

"Isso não pode ser verdade", alguns disseram. "Não posso acreditar que eles apresentaram a história dessa maneira e deram a última palavra àquele psicólogo." Mas era verdade. E eles de fato deram.

Após ler a frase de Walter Chrysler sobre entusiasmo no início deste capítulo e reler a biografia dele, realmente percebi como é importante que uma história soe verdadeira. Para ser absorvida, ela precisa ter um toque de realidade. Como a de Walter Chrysler, e *não* como a dos pobres e incompreendidos vândalos.

Há outras histórias, mais fortes, que surgiram com o furacão Katrina. Sei de uma família que se mudou para uma cidade próxima à minha no Arizona e que usou o acontecimento para reinventar sua vida por completo. Eles aceitaram a generosidade e a caridade dos outros como uma oportunidade de começar uma nova fase, abençoada e focada. Interpretaram os ventos e as águas do Katrina como uma tempestade de boa sorte, varrendo uma vida de amargura e pobreza em Nova Orleans.

Também é apenas uma história, mas criou na mente das pessoas uma vida inspirada, que lhes era útil. Um vento que sopra é bom ou mau dependendo mais da história que você conta do que do clima em si.

Quando alguém lhe dá um novo lar para viver depois que o seu é destruído, você tem duas opções: reagir com rancor e amargura, achando que o gesto não foi bom o bastante, ou se entusiasmar com ele e usar essa empolgação para transformar sua vida.

CAPÍTULO 7

Uma doce dose de inspiração

"Para manter próspero seu casamento,
Se estiver errado, admita;
Se estiver certo, fique quieto."

– Ogden Nash

Um professor amigo meu chamado Morey me telefonou para dizer: "Notei uma tendência. Vejo muitos colegas com uma atitude negativa, mais interessados em afirmar seu poder e controle sobre as crianças do que em espalhar entusiasmo e amor."

Acho que ele queria que eu me juntasse a ele na condenação desses professores. Ou pelo menos que lhe dissesse como modificar o comportamento deles. Mas me ocorreu que, quando alguém como Morey está avaliando o comportamento de outras pessoas, mesmo quando esse comportamento é, a princípio, descrito como algo neutro ("tendência"), o julgamento negativo já foi feito. A ideia negativa já está lá. A história de Morey sobre essa "tendência" o aborrecia, embora ele pensasse que fosse a própria tendência o que o incomodava.

Tendências não nos perturbam. O que nos incomoda é a história que atribuímos a elas. O problema nunca está no que ocorre ao seu redor, mas nas emoções internas que o acontecimento precipita. Nenhum evento externo causa perturbações sozinho. Ele precisa se conectar a uma lembrança para incomodar você.

Morey acha que tem um problema com as pessoas que o

cercam, mas, na verdade, seu problema é com as reações desencadeadas nele quando *julga* essas pessoas, isto é, quando inventa alguma história sobre elas.

Para Morey os professores estão "errados" por serem como são e ele está "certo" por ser como é. O problema com esse tipo de história é que ela nos chateia. Agora Morey entra aborrecido em sua sala de aula após conversar com os outros professores.

"Calem a boca, crianças! Sentem-se! Não estão me ouvindo? Não quero falar com vocês agora. Estou muito chateado, pensando nesses professores que não amam as crianças como eu e que não têm uma visão positiva e alegre da educação. Sentem-se ou vou suspender todo mundo!"

E assim o ciclo de julgamento é passado adiante, dessa vez para as crianças. O veneno é transferido. A história que diz "Eu estou certo e você está errado" sempre acaba mal.

Quando Gandhi disse que você não pode modificar as pessoas, mas pode *ser* a mudança que deseja ver nos outros, mostrou grande sabedoria. Muita gente, porém, ouve ou lê essa afirmação e pensa: "Bem, Gandhi era um santo. Um mártir que jejuava. E eu? Eu tenho que comer. Não sou como ele. Que relevância essas palavras poderiam ter para mim?"

Mas as palavras de Gandhi são muito úteis. Ele nos entregou uma ferramenta, não uma simples frase de efeito. Quando lemos relatos de professores que inspiraram escolas e faculdades com sua abordagem entusiástica e criativa do ensino, percebemos que eles nunca perderiam uma oportunidade para criticar os outros professores. Assim como o personagem de Robin Williams em *Sociedade dos Poetas Mortos*, eles são dedicados demais à profissão para prestar a mínima atenção no que os demais estão fazendo. E estes acabam inspirados pelo seu exemplo – nunca pelo seu julgamento. As pessoas adoram ser inspiradas. Elas esperam que alguém apareça e as desperte de sua paralisia cínica, do depressivo pesadelo que sempre lhes pergunta: "Isso é tudo o que a vida tem a oferecer?"

Minha esposa, Kathy, começou um programa de exercícios. Quem estava acima do peso era eu, mas foi ela quem entrou primeiro na academia. Nem sempre eu ia com Kathy. Os exercícios dela eram puxados. Certa vez subi num aparelho igual ao dela e tentei acompanhar seu ritmo pelos 40 minutos do programa, trabalhando braços e pernas feito um louco. Só consegui ficar 10 minutos. "Chega dessa maluquice", pensei.

Tentei fazer com que ela me julgasse. Quis induzi-la a me dizer que eu precisava mais dos exercícios do que ela. Mas Kathy nunca mordeu a isca.

"É claro que quero que esteja saudável e feliz, mas você me parece ótimo", disse ela. "Faça o que quiser e não se force a nada."

Todos os dias ela acordava cedo e malhava, estando com vontade ou não. Nenhum comentário a meu respeito, nenhum julgamento. Apenas um exemplo. Finalmente, isso começou a me inspirar e passei a levar os exercícios mais a sério. Saía para malhar sozinho com mais frequência e, assim, fui perdendo peso e ganhando energia e disposição.

A verdade é que Kathy não teria conseguido me modificar por meio de críticas. Assim como Morey nunca vai conseguir que seus colegas se relacionem melhor com os alunos por meio de julgamentos. O julgamento é tóxico para ambas as partes – para quem julga e para quem é julgado.

Kathy, focada em seus exercícios, era como Gandhi dizendo: "Seja a mudança." Esqueça os outros. Pare de tentar mudá-los. Eles não são problema seu. Você é. Mude a si mesmo e depois observe como os outros parecerão melhores aos seus olhos.

CAPÍTULO 8

A história do envelhecimento

"O mundo é um feitiço, um encantamento, uma maravilha, um arabesco de ritmo tão assombroso e enredo tão intrigante que somos atraídos por sua teia a um estado de envolvimento no qual esquecemos que se trata de um jogo."

– Alan Watts

Depois que assisti a uma palestra do Dr. Andrew Weil sobre "Envelhecimento saudável", me peguei desejando que a história que nossa sociedade conta sobre a velhice se modificasse.

O Dr. Weil falou sobre a insanidade que testemunhamos ao ver toda atriz e personalidade de TV madura recorrer a plásticas faciais para "reverter" o processo de envelhecimento, como se envelhecer fosse errado e ruim. Ele disse que isso está para mudar, pois acredita que a geração *baby boom*, agora entrando na terceira idade, devolverá o equilíbrio e a dignidade ao envelhecimento.

Torço para que ele esteja certo, pois trata-se de uma invenção absurda dizer que o jovem é melhor que o velho. Algumas culturas reverenciam seus idosos e os tratam como tesouros de sabedoria e conhecimento. Seria isso *mais* verdadeiro? Talvez não, mas nos serve melhor. Já que vamos continuar contando uma história, que a sociedade se beneficie de uma que tenha beleza e utilidade.

Weil nos fez refletir ao questionar: "Por que os vinhos e uísques envelhecidos são mais valorizados que os de safras recentes? Por que ficamos comovidos na presença de árvores muito antigas? Quando envelhecemos o queijo, ele melhora. Antiguidades são valiosas *porque* são velhas. Violinos antigos são os mais valorizados."

Depois pediu que considerássemos todas as qualidades do envelhecimento que tornam esses itens mais valiosos e que aplicássemos esses atributos também às pessoas, para modificar a história que ouvimos sobre os idosos.

Nossa sociedade trata a velhice como se fosse uma doença. Parece haver necessidade de todo tipo de programa de auxílio a idosos para entupi-los de remédios, evitando que morram antes do tempo. Mas os idosos aprenderam grandes lições sobre como cuidar de si mesmos, como poupar dinheiro, como ser criativos, e, mesmo assim, nós os tratamos como inúteis, pois esse é o mito que criamos em torno deles.

Essa ideia negativa acerca da velhice logo se torna convincente, iludindo até os próprios idosos. Algumas pessoas mais velhas, quando se aposentam, começam a caminhar de maneira diferente. Passam a mancar e arrastar os pés. Falam de outro modo também, como se estivessem numa peça com novos papéis a desempenhar. Param de se exercitar porque agora estão velhos. As vozes ficam agudas, frágeis, esganiçadas e fracas. Quanto disso se deve ao declínio físico e quanto se deve a viver uma história já escrita?

O fato é que os idosos de hoje não estão tão próximos da morte como pensamos, ou como eles mesmos pensam. Vejamos abaixo os saltos nos índices de expectativa de vida ao longo dos séculos:

EXPECTATIVA DE VIDA	ANOS
Era dos Cro-Magnon	18
Egito Antigo	25
Europa séc. XV	30

EXPECTATIVA DE VIDA	ANOS
Europa e Estados Unidos séc. XIX	37
Estados Unidos séc. XX	48
Estados Unidos 2003	78

Portanto, se podemos esperar viver até os 78 anos, por que nos aposentamos aos 65? O que faremos durante os próximos 13 longos anos? (Viveremos a história do cidadão idoso: batalhar por mais e mais remédios.)

Eu gostaria de contar histórias diferentes sobre pessoas de idade avançada. Talvez, se todos fizermos isso, as coisas mudem. Elas podem passar a viver de outro modo. Para começar, vou contar o exemplo do romancista Norman Maclean.

Aos 73 anos, Maclean decidiu rejeitar a ideia de se acomodar numa aposentadoria confortável, algo que teria sido muito fácil para ele. Lecionara na Universidade de Chicago por muitos anos, e todos lhe diziam que ele merecia um descanso. Mas algo o incomodava. Durante todos os anos em que *ensinou* literatura, Maclean se perguntava se ele mesmo era capaz de *produzir* algo. A maioria das pessoas se pergunta muito sobre esse tipo de possibilidade na velhice. Mas por que só perguntar?

Maclean ficou empolgado com a possibilidade de escrever. Parecia seguir o conselho da escritora George Eliot: "Nunca é tarde para ser o que você poderia ter sido." (O verdadeiro nome da romancista George Eliot era Mary Ann Evans, mas, na velha Inglaterra, apenas os homens eram respeitados como escritores.)

Norman Maclean não se interessou pelas coisas normalmente associadas à felicidade na terceira idade. Em vez disso, quis descobrir se poderia ser um escritor. Foi para seu chalé e, de maneira leve e disciplinada, começou a escrever. Logo ele percebeu que possuía o mesmo vigor para a escrita que um rapaz de 20 anos. Tinha tudo ali, em seu coração e nas duas mãos. Datilografava sem parar. Estava construindo uma história inteiramente nova sobre si mesmo.

E, para surpresa geral, Maclean se mostrou um fantástico escritor, um romancista de primeira. Dois anos mais tarde, ele finalizou a obra-prima altamente aclamada *A River Runs Through It* (adaptada para o cinema com o título *Nada é para sempre*). É um romance escrito com uma paixão e uma força poética que poderiam ser associadas a um talento jovem e cheio de vitalidade.

Não era verdade que Maclean estava muito velho para se tornar escritor. Era apenas uma história. E ele não estava disposto a viver de acordo com ela.

Perdi a conta de quantas pessoas já me disseram que "sempre quiseram" escrever, atuar, cantar ou algo nessa linha, mas que agora era tarde, porque estavam com 30, 40 ou 50 anos. Encontro gente de 30 anos que fala comigo como se estivesse no leito de morte. "Estou muito velho para isso", dizem, com uma cara séria. Você acha que está muito velho para alguma coisa? Está muito velho para ser ator, talvez? John Housman começou a atuar aos 70 anos e logo depois ganhou um Oscar por seu desempenho em *O homem que eu escolhi*.

Uma de minhas próprias histórias sobre a velhice dizia que eu estava muito velho para começar a escrever. Até os 49 anos, achava que minha vida não fora focada o bastante para alcançar toda a disciplina e a experiência necessárias a um autor. Fui alcoólatra por alguns anos e, mesmo depois de me desintoxicar e ficar sóbrio, tinha filhos para criar e precisava sobreviver num insano e desorientado troca-troca de empregos. Como alguém pode ser um escritor bem-sucedido com um histórico desses?

Minha reação ao problema não era focada como a de Maclean, mas hesitante e covarde. O que acabou acontecendo foi um caso de colisão entre duas histórias. Minha própria percepção de ser "muito velho" não se adequava à de minha filha Stephanie, de 16 anos, que dizia: "Meu pai é um escritor bom o bastante para ter um livro publicado." Assim, ela me ajudou a enviar alguns originais de meus textos. Para minha grande surpresa, meu primeiro livro foi publicado. E aprendi que, quando duas histórias colidem, a mais forte vence.

De repente me vi num dilema: o que eu deveria fazer com minha história de ser "muito velho"? Ela não parecia se aplicar mais à minha situação. Então simplesmente parei de contá-la, tanto para mim mesmo quanto para os outros. Comecei a realizar uma série de ações que me permitiram criar uma nova realidade, flexível, que mudava a cada passo. Eu escreveria e continuaria escrevendo até o dia de minha morte. Eu estava me reinventando e me motivando enquanto progredia. Nenhuma influência externa era solicitada. Acasos não eram bem-vindos. Jurei que nunca mais deixaria que quaisquer histórias sobrevivessem por tempo suficiente para me prender em suas teias.

Levei muitos anos para compreender o que Johann Gottlieb Fichte queria dizer quando afirmou: "Ser livre não é nada. Tornar-se livre é tudo." Ser livre é apenas mais uma ideia estática. Mesmo que soe bem, não vai durar, porque histórias não duram. Se não há conteúdo nelas, como poderiam durar? Mas *tornar-se* livre não é uma história – é uma ação! É o movimento numa jornada. Na verdade, é um glorioso movimento que nos leva para além do tempo e do espaço.

Por que deveríamos negar essa experiência de pura transformação aos idosos? Por que deveríamos impor a eles uma história que diz "Fique quieto, sente-se na sua cadeira de balanço e tome seus remédios"?

Aos 71 anos, Woody Strong recebeu o diagnóstico de um câncer inoperável. Médicos especialistas em Denver disseram-lhe que ele só teria mais um ano de vida. "Não há nada que possamos fazer" foi o que ele ouviu. E, graças ao magnífico livro sobre longevidade e saúde chamado *A medicina da imortalidade*, de autoria de Ray Kurzweil e Terry Holland, sabemos como a história de Woody se desenrolou.

Após ouvir a triste notícia, Woody decidiu passar seu último ano de vida no Nepal. Ele amava aquele lugar. E lá ele também era amado, pois providenciara educação e assistência médica para muitos nepaleses do Himalaia com sua esposa, Penny. Muitas crianças da região consideravam-no um pai.

Mas, logo que chegou ao Nepal, os amigos convenceram Woody a não aceitar sua sentença de morte. Eles não engoliram a história de que ele morreria em breve. Aconselharam-no a visitar um renomado curandeiro da remota região do Everest.

A princípio, Woody estava muito cético. Quem era esse curandeiro? Os especialistas do Colorado já não tinham contemplado todas as possibilidades?

Durante cinco dias seguidos, Woody Strong foi submetido a um ritual de cura. Ele ria, chorava e transpirava sem razão aparente. No fim da cerimônia, o lama disse a Woody que ele estava curado!

Curado? De um câncer terminal? Por rir, chorar e suar?

Quando Woody Strong voltou ao Colorado alguns meses depois, ficou tão surpreso quanto seus médicos ao descobrir que não havia qualquer sinal de câncer em seu corpo. Duas histórias colidiram, e a do curandeiro prevaleceu, porque era mais forte.

Quando eu era criança, costumava caminhar com meu avô, Sam Chandler, pelo deserto do sul do Arizona, coletando pedras para ele polir e fazer objetos com elas. Eu adorava ouvir seus relatos sobre os velhos tempos, em parte porque ele permanecia ativo e vigoroso. Meu avô podia facilmente me superar na caminhada. Tinha energia de sobra. Ele ainda estava *se tornando* alguém. Não se encontrava preso a uma história finalizada sobre quem era. Ficava empolgado com as luminárias que fazia com velhos cactos e pedras polidas.

Qual seria sua idade se você não soubesse quantos anos tem? E se algo inesperado apagasse sua memória e você se visse numa cidade remota em outro continente? Você teria todos os seus talentos e habilidades e poderia começar uma nova vida. Não saberia quantos anos tem, nem teria uma vida antiga para seguir reproduzindo (ou para deprimi-lo). Qual seria a sua idade então?

Gostaria de se olhar no espelho e tentar descobrir? Você é velho? Não pode ser velho a menos que tenha uma história dizendo isso. Não pode estar cansado do mundo a não ser que tenha uma grande e pesada história sobre o que aconteceu com você. E se alguém apagasse isso tudo?

Algumas pessoas me dizem que suas histórias não foram escritas por elas, mas pelas circunstâncias. Por favor, não me venha com essa. Existem pessoas muito felizes que tiveram de suportar circunstâncias terríveis. Assim como há pessoas amargamente deprimidas que foram protegidas e cuidadas durante toda a vida. Onde estão a causa e o efeito nessas histórias? As circunstâncias não significam nada. Sua história sobre as circunstâncias é tudo. Sendo assim, reflita sobre isto: se você não soubesse a sua idade, quantos anos diria que tem?

CAPÍTULO 9

Transformando sua história numa chama

"Acenderei a sua chama como uma vela."

– Dinah Washington

Francis me procurou porque sua empresa de comércio de frutas estava sendo sabotada por Rudy, um jovem que fora um de seus melhores vendedores. O rapaz se demitira e agora espalhava boatos para os representantes de vendas em todo o país, dizendo que a empresa de Francis fora estabelecida de forma ilegal. Também afirmava que o ex-patrão era um impostor e não merecia confiança.

Francis me telefonou histérico. Perguntei como poderia ajudá-lo, e ele me respondeu: "Bem, você tem uma capacidade de ver as coisas de um ângulo diferente e estou passando por uma crise terrível. Não sei o que fazer." Eu disse a ele que, para ajudá-lo, primeiramente deveríamos eliminar a palavra *crise* da conversa. Era preciso que ele recomeçasse do zero. Faço questão de desencorajar as pessoas a se entregarem às crises. Não podemos nos dar a esse luxo se queremos prosperar.

Ele continuou: "Não é uma crise? E o que mais pode ser? Você quer que eu mantenha o pensamento positivo numa hora dessas? Desculpe, mas não dá! Esse sujeito está arruinando minha reputação!"

Lembrei a Francis que encarar a situação como "crise" era uma questão de escolha. Podemos perceber e descrever as coisas da maneira que quisermos. No entanto escolher a linguagem mais catastrófica apenas nos enfraquece quando mais necessitamos de poder.

Expliquei a ele que existem duas maneiras de lidar com um problema: virar as costas para ele e declará-lo inexistente ou esmagá-lo. Uma vez que decidiu enfrentá-lo, a melhor abordagem seria a do rolo compressor.

Levei muitos anos para compreender uma verdade sobre os problemas: *eles não envelhecem bem*. Quanto mais tempo vivem, mais difícil se torna resolvê-los. Aprendi que um contra-ataque rápido é a melhor estratégia para solucioná-los, e desde então tudo se tornou mais fácil para mim.

A advogada Marianne aprendeu essa lição, e Francis também poderia aprender. Assim que você identificar um problema, isto é, o definir com precisão, vá com tudo para cima dele. Entre em ação depressa. Concentre-se totalmente. Peça a ajuda de outras pessoas e não deixe que a questão evolua. O modo como você lida com as dificuldades é o modo como lida com a vida. Seja forte, enérgico e entusiasmado. E lembre-se de que é melhor resolver a situação agora do que protelá-la.

Rudy estava caluniando o antigo chefe de maneira perversa (como ex-funcionários ressentidos costumam fazer para preservar suas histórias de humilhação), e Francis só sabia se queixar. Então criamos um plano de ação que incluía advogados, telegramas, ordens de "embargo de ação", campanhas por e-mail e retórica de intimidação. Mas eu não queria parar por aí e perguntei a ele: "Como converter essa situação em algo proveitoso? Como transformá-la em um impulso para sua missão?"

Francis ficou confuso. Ele estava acostumado a encarar as crises como coisas ruins e nunca cogitou tirar algo de bom delas. É exatamente assim que as histórias trabalham para nos aprisionar. Quando alguém se sente uma vítima, repetindo como foi tratado com injustiça, no fundo não deseja realmente modificar a situação. As histórias de vítima são boas demais para serem abandonadas, pois receberam um grande investimento de tempo e imaginação. Elas fazem com que o autor se sinta especial, o escolhido para ser maltratado.

As pessoas contam histórias de vítima para parecerem boas. Se o patrão as tratou de forma rude e injusta, elas são melhores que ele. Uma vítima é uma espécie de herói às avessas, um mártir. Trata-se da recompensa secreta.

Mas Francis não estava analisando a questão sob esse prisma. Ficava impaciente com meus conceitos, que pareciam sem sentido para ele. Ele queria apenas se lamentar. Eu me mantive firme, pois queria lhe mostrar que a experiência com Rudy fortalecia a missão de sua empresa.

Francis não enxergava as coisas desse modo. Resolvi então aproveitar a energia que ele estava empregando em sentir raiva e direcioná-la para algo positivo. Sugeri que usasse sua paixão pela empresa e pelos seus ideais para construir seus argumentos e contatar os representantes de vendas com o intuito de explicar a situação e fortalecer sua imagem. Ele se sentiu entusiasmado e se concentrou nessa tarefa, dando o melhor de si.

Nos meses seguintes, as vendas subiram na empresa. Ele disse que o "incidente" solidificou a companhia e agora era visto como uma bênção.

Isso ilustra não apenas como as histórias são poderosas, mas como podem ser reescritas e transformadas em algo completamente diferente para o bem maior.

Às vezes, quando me deparo com um problema, penso nele como um tronco no meio da estrada. As calúnias de Rudy eram um obstáculo no caminho de Francis; à primeira vista, um tronco. Mas um tronco também é algo em que se pode atear fogo. O que acontece quando você incendeia um tronco? Ele se consome e, ao mesmo tempo, torna o fogo mais forte, brilhante e ardente. O tronco alimenta o fogo.

Os obstáculos alimentam a missão.

Por isso é tão importante encarar os problemas com uma chama no coração. Não ande nas pontas dos pés em torno deles. Se decidiu enfrentá-los, acenda sua chama interior e ataque-os. Consuma-os. Converta-os em energia. Quando você os incendeia, muda a história dos troncos. E com isso transforma a sua história.

CAPÍTULO 10

Você administra o seu tempo?

"Tantas pessoas diferentes para ser."

– Donovan, "Season of the Witch"

Recentemente participei de uma oficina de literatura dirigida pelo autor de livros de suspense Lawrence Block. Escritores na plateia sugeriram que ele falasse sobre a administração do tempo. Perguntaram como encontrava tempo para escrever.

Ele foi duro, porém honesto em sua resposta. Disse que se você não está escrevendo, é porque não quer escrever – prefere investir suas horas livres em outras coisas. E se *não* quer escrever, por que se importar com a administração do tempo? Por que o interesse numa oficina de literatura? Quando existir algo em sua vida que você realmente queira fazer, não precisará "encontrar" tempo, pois já estará fazendo isso.

Sentado na plateia, concluí que ele tinha razão. Muitos se retraíram quando ele fez a declaração, pois doía-lhes perceber que não estavam escrevendo porque não queriam, mesmo que as histórias que contassem fossem diferentes. Estas diziam que eles *adorariam* ser escritores, mas a realidade da vida diária e as responsabilidades tornavam a tarefa quase impossível.

Essa não era uma história verdadeira.

Durante anos, o romancista James Patterson (autor de *Na teia da aranha*) desempenhou uma função que exigia bastante dele na agência de publicidade J. Walter Thompson. Mesmo assim, naquela época atarefada, ele iniciou sua carreira de escritor de ficção.

Como ele "encontrou tempo" para escrever enquanto trabalhava num ramo tão frenético quanto a publicidade? Patterson dizia que amava escrever, portanto isso nunca foi um problema. Ele se disciplinava a acordar todo dia por volta das 4h30 e então escrevia até as 6h. O restante do dia era dedicado à sua "outra vida".

"Acredito que, se existe uma atividade que você ama de verdade, encontrará um espaço para ela", disse Patterson numa entrevista para a *Reader's Digest*. "Jamais considerei escrever ficção um trabalho. Sempre foi uma forma de libertação. Quando vou a uma livraria e vejo um livro de um autor que realmente aprecio, me sinto entusiasmado, do mesmo modo que me sinto todos os dias quando me sento para escrever: 'Mal posso esperar para ver como sairá o trecho de hoje!'"

Em meu trabalho de consultoria, dando orientação a indivíduos em busca de mais sucesso profissional, descobri que essa ilusão de "não ter tempo" é muito frequente. As pessoas não compreendem que o problema da administração do tempo é uma invenção. Muitas equipes de vendas e muitos líderes recorrem a mim para aprender a administrar seu tempo, quando essa não é a questão. (Como se administra o tempo, afinal? Você consegue espremer mais que 24 horas de um dia?)

Se há um desejo genuíno e uma intenção focada, o tempo não importa. Se a pessoa realmente deseja algo, ela se concentra e se compromete de coração com aquilo, dando um jeito de *criar* tempo para seus projetos. Como James Patterson fez.

Durante a oficina de literatura de Lawrence Block, percebi que isso se aplicava a todas as coisas que desejo fazer. Tento me lembrar todos os dias de que o tempo se *cria*, não é encontrado. Está sempre disponível.

Henry Davenport disse: "A grande linha divisória entre sucesso e fracasso pode ser definida em quatro palavras: *eu não tive tempo.*"

Por que criamos histórias falsas sobre o tempo? Talvez porque todos sejamos autores de vidas fictícias, primeiro inventando quem pensamos que somos e depois criando nossas limitações. A história de nossa vida se torna a história de nossas limitações.

Às vezes, para tornar nossa história mais agradável, fazemos com que *outras pessoas* sejam responsáveis pelas coisas negativas. As narrativas que têm um vilão são sempre mais divertidas. (Colocamos a culpa até em Deus.)

No filme *Lawrence da Arábia* há um exemplo de como uma história defeituosa pode ser rapidamente transformada.

O exército de T. E. Lawrence acabara de realizar uma difícil marcha de 10 dias pelo deserto. Os soldados estão próximos da morte por desidratação, mas encontram um lago e se jogam nele alegremente. Mais tarde, quando Lawrence faz a contagem de seus homens, nota que um dos cameleiros desaparecera. Eles encontram o camelo do rapaz no fundo do acampamento e concluem que ele caíra do animal durante a tempestade de areia.

– Precisamos voltar e encontrá-lo – Lawrence grita para seus homens. Mas eles se recusam a encarar a brutal tempestade de areia outra vez.

– Senhor – suplicam eles –, foi desejo de Alá que o rapaz não voltasse conosco. Seu destino estava escrito. Não devemos interferir.

Furioso, Lawrence monta em seu camelo e segue sozinho pelo deserto sob a tempestade de areia. Os homens permanecem imóveis, balançando a cabeça em assombro.

Dois dias depois, uma imagem brilhante emerge das ondas de calor.

– É Lawrence! – gritam os homens. – Ele encontrou o rapaz!

Eles correm para ajudá-lo. Lawrence se inclina e entrega-lhes o cameleiro, que estava inconsciente, mas vivo e salvo. Ele olha os homens nos olhos e diz num áspero sussurro:

– Lembrem-se disto: nada está escrito a menos que *vocês* o escrevam.

Lawrence registrou em suas memórias: "Todos os homens sonham, mas não da mesma forma. Aqueles que sonham à noite, nos recessos empoeirados de suas mentes, acordam de manhã e descobrem que era tudo ilusão. Os que sonham de dia, porém, são homens perigosos, pois talvez persigam seus sonhos de olhos abertos, a fim de torná-los reais."

Meu neto de 5 anos cria histórias e papéis para as pessoas representarem. Na noite de Halloween, estávamos todos sentados a uma mesa em minha cozinha quando ele pegou uma bruxa feita de palitos e me disse:

– Você vai ser a bruxa.

Comecei a falar com ele na minha voz de bruxa do *Mágico de Oz* e perguntei:

– E quem *você* vai ser?

Notei um brilho em seus olhos – ele parecia fazer uma investigação interna. Estava decidindo quem seria. Pude perceber por sua alegria que a lista de opções era infinita.

Logo haverá menos possibilidades para ele. Parte de meu trabalho como avô maluco será mantê-lo consciente de que pode ser quem quiser.

A civilização tenta nos envelhecer. Começamos (em autodefesa) a escrever a história de quem somos – ou de quem *é melhor* ser para sobreviver a coisas como a morte, impostos e uma família repleta de demandas. Sentimos que é melhor inventar quem somos com precisão, determinar nossas limitações. Banimos a alegria para o futuro, pois não a merecemos agora. Ainda não "demos certo". É melhor dizer a nós mesmos que poderemos nos permitir ter alegrias assim que cumprirmos certas condições. Quando nossa casa própria estiver quitada... quando a carreira decolar... quando encontrarmos a pessoa certa...

Muita gente também coloca a carga da felicidade e da alegria em agentes externos, como times esportivos. Torcemos para que os nossos times *deem certo* e conquistem títulos, pois pensamos que isso acrescentará algo à nossa história. Esquecemos que somos nós quem a criamos. Esquecemos que nada está escrito até que nós o escrevamos.

CAPÍTULO 11
Fraudadores de currículo

"A mais dispendiosa de todas as loucuras é acreditar no que é tangivelmente falso."

– H. L. Mencken

Seria ótimo se pudéssemos implantar um chip na cabeça de todas as pessoas (e talvez possamos no futuro) que enviasse ao cérebro uma simples mensagem a cada manhã, quando elas acordam e saem para o mundo: "Você já é bom o bastante." Isso iria ajudá-las a ter confiança em seu próprio poder e a buscar tudo o que necessitam dentro de si mesmas.

Esse chip seria uma revolução, pois quase todos começam o dia com o mantra que diz exatamente o oposto: "*Eu não sou bom o bastante.*" E, por pensarem assim, sentem necessidade de criar estranhas fantasias e inflar suas biografias no caminho. Alteram seus currículos com adições falsas e desastrosas. Tudo em nome de uma história melhor, que as faça finalmente parecerem dignas de crédito.

Tomemos o exemplo do governador do Novo México, Bill Richardson. Poderíamos pensar que a história de vida dele já era boa o bastante. Ele foi mencionado como possível candidato à Presidência e foi embaixador americano nas Nações Unidas. Que grande sucesso! O que mais poderia querer?

Bem, ele hoje reconhece que sua antiga afirmação de que tinha sido convocado para jogar no time de beisebol Kansas City Athletics (atual Oakland Athletics), em 1966, não era verdadeira. Mas não chegou a admitir isso por vontade própria. Um jornal da região investigou seu passado e descobriu a mentira.

Richardson teve uma reação estranha quando confrontado com esse falso adendo em seu currículo: "Após ser notificado da situação e pesquisar o assunto (...), cheguei à conclusão de que não fui convocado pelo Athletics." Ele explicou que tinha sido avaliado por diversos times da liga principal na década de 1960. Disse que seu nome aparecera numa "lista convocatória de algum tipo" criada por dois grandes times. Citou olheiros já falecidos que supostamente afirmaram que ele "seria ou poderia ser" convocado.

Em geral, esta é a lógica dos fraudadores de currículo: "Se eu *poderia* ter sido convocado, por que não posso dizer que *fui* convocado?"

A verdadeira razão pela qual Richardson acrescentou a fraude a seu currículo foi não acreditar que era bom o *bastante* sem isso. Em muitos aspectos, todos nos parecemos com ele. Vivemos temendo que nossas histórias não sejam importantes, por isso estamos sempre adicionando-lhes novos itens. Às vezes acrescentamos coisas reais: novos barcos, novas casas, novos carros, novos parceiros, novas viagens.

Conheço uma mulher que acredita que o fato de ter vivido em vários países e até hoje passar parte do ano viajando acrescenta conteúdo à sua história. Ela está sempre falando sobre os locais exóticos em que esteve e, quando escreve de fora, sempre redige um grande cabeçalho no topo, chamando atenção para as impressionantes cidades visitadas. Nunca atentou para o fato de que, independentemente do lugar aonde vá, é ela mesma quem encontra lá. Todas as suas pomposas tristezas acompanham-na a todo canto. Isso ela não pode mudar. E as pessoas que tenta impressionar com seus postais balançam a cabeça e riem dela, pois enxergam com nitidez o esforço que faz para acrescentar coisas tentando compensar sua crença de não ser "boa o bastante".

Trata-se da mesma motivação dos fraudadores de currículo. Ficamos até um pouco envergonhados por eles, pois também podemos nos identificar com aquele sentimento de autodepreciação.

No fim, nem esses acréscimos adiantam muito para evitar o constante e incômodo sentimento de que nossa vida não é interessante o bastante. A pequena mentira do governador Richardson não foi tão exagerada quanto o falso acréscimo ao currículo de George O'Leary, treinador de futebol americano da Universidade de Notre Dame alguns anos atrás.

Na verdade, George foi técnico da Notre Dame apenas por cinco dias. Ele pediu demissão quase imediatamente após sua contratação, admitindo que mentira a respeito de sua formação acadêmica e atlética. (Mas só depois que alguns jornalistas investigaram seu passado.) O'Leary declarara que tinha um mestrado em pedagogia e que havia jogado futebol americano universitário durante três anos. No entanto as investigações mostraram que essas alegações eram falsas.

Um diploma de mestrado da Universidade de Nova York em 1972? Não exatamente. Ele *estudou* lá, mas não recebeu o diploma. Três anos jogando futebol americano? Sua universidade, New Hampshire, afirma que ele jamais participou de um jogo.

O'Leary disse que lamentava não ter informado aos diretores da Notre Dame sobre tais "imprecisões" antes de ter sido contratado. *Imprecisões?* Nada disso. São invenções deliberadas. E assim a distorção permanece. Imaginem a dor de uma pessoa que precisa continuar a distorcer as coisas mesmo depois de ter sido desmascarada.

O treinador também tentou se justificar dizendo que essas "imprecisões" tinham sido causadas por uma convergência de coisas *boas* e admiráveis a seu respeito que, reunidas, ocasionaram os equívocos. Numa declaração emitida pela universidade, O'Leary comentou com mais detalhes sua decisão de se demitir:

"Há muitos anos, quando eu era um jovem pai de família, busquei realizar meu sonho de ser treinador de futebol americano", disse ele, apresentando uma imagem quase santificada de si mesmo. "Ao procurar emprego, preparei um currículo que continha imprecisões relativas à conclusão de meu curso de mestrado e também sobre minha participação no futebol em minha universidade. Essas ambiguidades não foram removidas de meu currículo ou resumo biográfico em anos posteriores."

Quem se esqueceu de removê-las? Estaria ele sugerindo que as mentiras eram apenas turbinas para sua carreira e que seriam descartadas uma vez que o fizessem decolar?

É triste assistir a essas trapalhadas – uma nova história distorcida sendo rapidamente orquestrada para substituir uma fraude. Enquanto admitia a natureza enganosa de sua história, O'Leary foi contando outra, que parecia melhor, mais verdadeira e emocionante para preencher o vazio.

Depois que conduziu a University of Central Florida a uma temporada vitoriosa na grande liga, George O'Leary foi muito bem tratado pela mídia, que com frequência se apressa em tentar converter um vilão em vítima. (Nota sobre essa temporada vencedora: O'Leary se mostrou um treinador de futebol fantástico. Melhor do que seu currículo falso dizia que ele era!) As manchetes anunciaram: "Técnico caluniado se redime em jogo da Liga." Caluniado? O que querem dizer com "caluniado"? Por acaso sabem o que significa calúnia?

Agora a história em torno de O'Leary diz que ele foi caluniado e que teve de lutar para subir os degraus novamente ao treinar e vencer com o time da Central Florida. O triste em todos esses relatos é que ele é de fato um excelente treinador. Certamente bom o bastante para assumir o cargo na Notre Dame. Na Central Florida orquestrou a maior volta por cima do futebol americano universitário.

O'Leary é bom o bastante. Tem talento de sobra como treinador para sequer precisar de um currículo. Veja como os times dele jogam. Essa é a história que deve ser contada.

Tenho especial admiração pela fraude de currículo cometida por Teri Garr. Recentemente, ela falou sobre sua vida como bem-sucedida atriz de TV e cinema num programa de entrevistas.

Teri começou sua carreira artística como dançarina, mas, em determinado momento, quis fazer a transição para as artes dramáticas. Para atingir esse objetivo, ela listou em seu currículo papéis que nunca desempenhou.

– Imaginava que, uma vez que eu entrasse pela porta, eles me contratariam imediatamente – disse ela. – Mas, se eu não tivesse uma indicação e um bom currículo, nem me deixariam entrar. Por isso acrescentei algumas coisas que soavam bem, como ter atuado em *Desire Under the Elms*, na Broadway, e algumas menções honrosas. E, ao lado da frase, pus um asterisco. No pé da página escrevi: "*FALSO."

Mas ninguém que leu o currículo notou a palavra FALSO no pé da página. Aliás, se alguém tivesse notado, que significado imediato isso teria? Assim, *tecnicamente*, Teri Garr melhorou seu currículo sem perder a integridade.

Mas aqui vem a parte assustadora: até certo ponto, todos fazemos uma versão disso. Retocamos um pouco nossas histórias. Será que eu também? Bem, agora que a questão foi mencionada... sim.

Antigamente, na pequena biografia que eu fornecia às pessoas interessadas em me contratar, eu informava que era um "jornalista premiado". Inseria a informação no espaço dedicado à experiência profissional, que incluía ter trabalhado como compositor musical e diretor de criação em publicidade – tudo verdade. Mas aquela parte sobre jornalista premiado era mesmo genuína? Sim, era! E eu nunca vira problema algum em deixar aquilo na biografia até que minha esposa, Kathy, deparou-se com o texto um dia e começou a me fazer perguntas.

– Você recebeu um prêmio quando era jornalista? – perguntou ela.

– Sim – disse eu, sem muita convicção.

– Sério? Eu achava que você era repórter esportivo.

– Isso é ser jornalista – disse eu. – Um repórter esportivo não pode ser um jornalista e ganhar um prêmio?

– Claro que sim, mas que prêmio você ganhou?

– Ah, já faz muito tempo...

– Ei, isso soa suspeito. As pessoas não esquecem seus prêmios.

– Por que não deixamos isso para lá? Por que um prêmio é melhor ou pior do que outro?

– Um prêmio de onde?

– De uma escola – respondi, num tom de voz um tanto baixo demais.

Kathy começou a rir.

– *De uma escola*?

– Não vejo graça. Você está rindo, mas eu dei muito duro como jornalista nessa escola de Tucson. Eu cobria os esportes colegiais na época... e essa escola me deu um prêmio por meus textos.

– Ah, então você acha que isso *conta* e deveria estar listado no seu histórico profissional?

– É claro que conta! É um prêmio, não é?

– É uma fraude e uma mentira dizer que você é um jornalista premiado por causa disso! Está fazendo parecer como se tivesse recebido o Pulitzer, o Nobel ou algo assim.

– Tudo bem. Vou tirar. Quem precisa disso, afinal?

– Você achava que precisava, é óbvio.

Talvez eu pudesse ter dito a Kathy: "Eu era um jovem pai de família com um sonho quando cometi um erro baseado em imprecisões que ocorrem sempre que exibimos uma falha humana."

Quer a verdade? Eu aumentei minha história. Eu a inflei como se fosse um balão de ar quente.

É incrível como continuamos tentando aumentar nossas histórias mesmo quando já somos bons o bastante para realizar a tarefa a que nos propomos. O governador Richardson é amplamente admirado pelo que é capaz de fazer. George O'Leary é, de fato, um ótimo treinador. E Teri Garr é uma adorável atriz cômica. O exagero não era necessário. O poder já estava ali.

Verifique onde você escreveu sua história. Pode estar no seu currículo ou numa biografia. Assegure-se de que seja real. E se os fatos não dizem o bastante sobre o que você é capaz de fazer, encontre outra maneira de mostrá-lo.

Quando se candidatar a um emprego, não deixe que apenas seu currículo fale por você. Vá além. Use cartas de referência realmente poderosas. Diga a seus futuros empregadores o que eles podem esperar de você. *Mostre* a eles quem você é pela forma entusiástica e criativa que se candidata e se porta na entrevista e agradeça-lhes pela oportunidade.

Recentemente, uma empresa me contatou para dizer que estavam considerando me chamar para um grande projeto de treinamento.

– Estamos avaliando alguns consultores. Será que poderia nos enviar seu prospecto e um vídeo?

– Sim. Mas não queria que vocês tomassem suas decisões com base nesses materiais. Vamos nos encontrar.

– Certo. Podemos marcar um almoço.

– Almoço? Você quer saber de que forma eu como? O que peço? Meus modos? Não, prefiro fazer diferente. A única ocasião em que me reúno em almoços é quando meu cliente é dono de restaurante.

– O que tem em mente?

– Experiência. Ação. Realidade. Irei até sua empresa e conversarei com um grupo de funcionários por 20 minutos na sua presença. Você tomará sua decisão baseando-se em sua experiência comigo e nas ações que tomarei para mudar a perspectiva do seu pessoal. Para completar, você pode conversar com outras pessoas com quem trabalhei.

Assim, uma vez que o cliente concorda com minha visita, minha única missão é ir até lá e *mostrar* o que posso fazer. Isso é muito melhor do que tê-los avaliando meu currículo e minha biografia para ver se minha história é melhor do que a do meu concorrente.

Às vezes dou consultoria de carreira e acho engraçado ver que todo mundo quer entrar no site, examinar os preços e ler os depoimentos. Mas ninguém pensa em pedir um teste. Gosto de oferecer uma experiência real e fazer com que fundamentem sua escolha nela.

Não estou tentando passar por um ser superior porque faço isso. Levei um longo tempo para aprender – um longo tempo para perceber que histórias são limitadas quando comparadas à vida real e a performances entusiásticas. Histórias são camisas de força – e somos todos dançarinos.

Anos atrás, antes de nos casarmos, minha esposa, Kathy, queria muito trabalhar na Nordstrom. Eles estavam abrindo uma filial no Arizona, e centenas de mulheres se candidataram para vagas no setor de vendas, já que se tratava da mais sofisticada loja de departamentos do país.

A princípio, Kathy se preocupou com seu currículo. Não era bom o bastante. Não mostrava experiência como vendedora em lojas de departamentos. E ela não iria acrescentar dados falsos. Quando conversamos, percebi que Kathy deveria superar sua história para chegar à verdade de que servia para o cargo e encontrar um jeito de provar isso.

– Você faria um bom trabalho para eles? – perguntei.

– Sim, acho que sou perfeita para o cargo. Aprendo rápido, adoro conversar, sou apaixonada por moda, tenho energia, tenho...

– Certo, certo, então o emprego é seu! – exclamei. – Você está contratada!

– Como assim? Por que iriam me contratar? Não tenho experiência em vendas. Fui assistente jurídica e editora da Ordem dos Advogados. Não é o perfil apropriado para uma vendedora.

– Talvez não, mas *você* é perfeita para eles e isso é tudo o que importa. Seu trabalho agora é se apresentar de uma maneira que faça o currículo não ser relevante. Deixe que ele mostre que você é uma funcionária preparada, leal e bem-sucedida, mas não se concentre nele. É muito restritivo.

Kathy partiu para a ação. Anexada ao seu currículo, mandou uma carta maravilhosa com as razões pelas quais queria trabalhar na Nordstrom, incluindo histórias de quando costumava viajar até a Califórnia apenas para passar um dia na filial local. Sua carta era repleta de encanto, energia e amor pela profissão. Ela despertou a atenção dos empregadores e foi chamada para a seleção.

Em suas entrevistas, Kathy foi apenas ela mesma, falando com entusiasmo sobre a possibilidade de trabalhar lá e sobre como o trabalho seria uma combinação perfeita de suas paixões. Após cada entrevista, ela perguntava a si mesma como poderia ganhar terreno e abrir vantagem sobre as outras pessoas que buscavam aquele emprego – candidatas que tinham uma "história" melhor no quesito experiência.

Kathy continuou batalhadora e criativa nas entrevistas que se seguiram. Enviou belas e longas mensagens de agradecimento escritas à mão, com referências especiais ao conteúdo da conversa com os recrutadores e um componente extra muito importante: Kathy lhes informou *com o que poderiam contar* se a contratassem.

Foi chamada em poucos dias e, finalmente, contratada. Venceu centenas de outros candidatos com currículos "melhores".

Imaginem George O'Leary sendo entrevistado para a grande posição de treinador na Notre Dame com um currículo honesto na mesa diante dele. Imaginem seu entrevistador, o reitor da universidade, dizendo: "George, não vejo em nenhum lugar de seu currículo se você jogou futebol americano por alguma universidade. Você espera ser contratado mesmo que jamais tenha jogado uma partida desse nível?"

O'Leary diria: "Exatamente. Nunca consegui jogar tão bem. Era uma luta muito grande para mim, por isso tive de trilhar o caminho mais difícil. Precisei aprender coisas que outras pessoas podiam fazer naturalmente, sem pensar. Por isso, agora, tenho total capacidade de *ensinar* esse jogo. Se é um treinador o que está procurando, não há ninguém capaz de fazer um trabalho melhor para você. Se quer um jogador, então não sou o seu homem."

Eu o contrataria.

CAPÍTULO 12

O poder da criação consciente

*"Você precisa ser ensinado a odiar e a temer.
Isso tem que ser martelado em seu jovem ouvido."*

– Ao sul do Pacífico

No famoso musical *Ao sul do Pacífico*, um jovem soldado americano se apaixona por uma moça da Polinésia. Seu amor o impediu de compartilhar os preconceitos, predominantes à época, contra "pessoas de pele escura". A história dele era uma narrativa de amor. Contudo, mais cedo ou mais tarde, outras pessoas apareceriam com suas próprias opiniões sobre questões raciais e estereótipos. Como a bela canção relata, o preconceito não nasce naturalmente, ele é ensinado.

O preconceito nada mais é do que uma história negativa inventada por indivíduos interessados em obter uma sensação de vantagem. Eles sentem que diminuir os outros fortalece a si próprios.

Mas as histórias também podem ser construídas para o bem. Uma vez que seu verdadeiro poder é compreendido, podem ser usadas *positivamente* em favor de um propósito elevado. Uma história instigante pode ser comparada à energia nuclear: usada para o mal, é muito destrutiva; usada para o bem, pode iluminar toda uma cidade.

Meu amigo Burton, de Nova York, me consultou porque sua empresa enfrentava problemas com alguns funcionários que não estavam cumprindo as horas que diziam trabalhar. Poucos se encontravam nessa situação, mas foi o suficiente para alarmá-lo.

Ele decidiu colocar um relógio de ponto em sua firma, para que houvesse um registro preciso de entradas e saídas dos funcionários. Mas estava preocupado com a mensagem que isso transmitiria.

– Temo que, ao colocar o relógio de ponto, meus colaboradores achem que não confio neles – disse Burton. – Por isso não estou seguro se devo fazer isso ou não.

– Bem, se você simplesmente instalar o relógio, o que vão pensar? – perguntei.

– Vão pensar que isto aqui está parecendo uma fábrica onde não se confia em ninguém.

– Provavelmente está certo – disse eu.

Eu queria que Burton percebesse que tinha em suas mãos o poder de moldar as coisas. A mera colocação do relógio de ponto não carregava qualquer significado. (Nada tem "significado" por si só, a menos que alguém apareça para acrescentar uma história.) Se ele simplesmente instalasse o aparelho, os funcionários fariam sua própria interpretação do fato, e era bem provável que fosse negativa, como Burton temia.

Burton poderia criar uma história positiva? Poderia dar sentido ao relógio de ponto antes que o fato sequer tivesse acontecido? Sim. Uma história criada conscientemente é muito forte. Burton pode usar essa força para desenvolver um pensamento poderoso e encantador, e realizar o que deseja.

– Por que quer instalar o relógio de ponto na firma e como *gostaria* que as pessoas reagissem a ele?

– Meu objetivo é ter um relato mais confiável de quem está trabalhando e quem não está. Mas não é só isso. Acredito que haja também muitos funcionários que fazem o oposto: aparecem fora do expediente e trabalham sem registrar seu tempo, só para terminar suas tarefas. Eu gostaria que todos usassem o relógio e continuassem se sentindo bem por trabalhar aqui.

Foi bom ouvir isso. Burton tinha uma intenção clara. Se pudesse passar isso para sua equipe, teria um ambiente saudável e produtivo, e sua empresa funcionaria muito melhor. Sugeri a ele que dissesse aos funcionários exatamente o que acabara de me dizer.

– Tudo isso parece ótimo, mas como evitar que fiquem ressentidos? – perguntou Burton.

Propus a ele que contasse uma história real – que falasse sobre o rápido crescimento da empresa, sobre sua eficiência e a fidelidade dos clientes. Algo como: "Já não somos a pequena equipe que éramos no início. Por isso, precisamos continuar estruturando nosso crescimento, adicionando ferramentas e sistemas enquanto prosseguimos, para manter um registro de nossas atividades. Vocês entram e saem daqui com tanta frequência e de tantas formas que os velhos sistemas de registro já não dão conta do serviço, por isso estou colocando um relógio de ponto automático. Vejamos como funcionará. Depois que estiverem acostumados com ele, vou querer a opinião de vocês. Existe muita gente trabalhando duro aqui e eu não quero perder a chance de considerar sequer um minuto de sua contribuição para nós. Estamos crescendo e quero que vocês sejam respeitados e recompensados por isso. E se tiverem qualquer outra ideia que contribua para o nosso avanço, por favor, sintam-se à vontade."

Assim que Burton compreendeu o poder das comunicações prévias e elaboradas, passou a moldar os comentários em sua firma. Fatos acontecem, mas não significam nada até que as pessoas lhes acrescentem significado.

Um colega da agência de publicidade em que trabalhei conhecia por intuição o poder de criar antecipadamente uma história. Vic estava prestes a contar a seus filhos que ele e a esposa se divorciariam.

Na noite em que dariam a notícia, eu estava juntando minhas coisas para ir embora quando notei que a luz em sua sala ainda estava acesa.

Perguntei a Vic o que ele estava fazendo.

– Estou criando um storyboard – disse.

– Quem é o cliente? – perguntei.

– Meus filhos.

Quando entrei em seu escritório e olhei mais de perto, pude ver que Vic tinha feito um grande quadro repleto de fotos de família, com linhas desenhadas que partiam das fotos no alto até as fotos dos três filhos embaixo.

– E o que significa tudo isso? – perguntei.

– Estas são linhas de amor – disse ele. – Quero que meus filhos vejam todos os familiares que os amam e sempre estarão ao lado deles e que saibam que isso não mudará depois do divórcio.

Fiquei comovido com a emoção e a criatividade que Vic estava colocando em sua reunião familiar. Considerando que o divórcio era de fato inevitável, senti que as crianças tinham sorte por ter um pai que se empenhava em expor a situação dessa forma. Ele criou a melhor história que pôde. Era verdadeira e triste, mas amorosa e poderosa.

Samuel Clemens também era um grande contador de histórias. Ele até criou um personagem para si mesmo. Mark Twain sabia bem como as vidas se modificam quando as histórias mudam, e escreveu maravilhosamente sobre como o racismo pode ser substituído pelo amor de uma criança em *Tom Sawyer*.

Outra história dentro da história de *Tom Sawyer* me vem à lembrança: é a de Tom pintando a cerca. Certo dia, Tom tinha de pintar uma cerca com cal, uma tarefa que ele abominava. A percepção imediata seria: "*Pobre Tom, ele precisa pintar a cerca!*" Mas Tom (como Mark Twain) conhecia o poder de alterar o significado dos eventos. Assim, Tom começou a dizer aos seus amigos como era divertido pintar, como era melhor do que pescar ou qualquer outra coisa. E a história ficou tão boa que os amigos terminaram implorando para que Tom lhes deixasse acabar de pintar a cerca.

Histórias negativas (por exemplo, sobre como detestamos fazer algo) são capazes de nos enfeitiçar e, a menos que vejamos com clareza, podemos ficar presos a elas, sem conhecer o poder que temos de modificá-las.

Não é pintar uma cerca ou instalar um relógio de ponto o que é difícil de engolir – é a história por trás dessas ações.

CAPÍTULO 13

A história de dar e receber

"Se não é divertido, você não está fazendo direito."

– Fran Tarkenton

Uma mulher que chamarei de Evelyn me telefonou para dizer que tinha acabado de receber uma doação de 30 milhões de dólares para sua fundação, localizada ao norte de São Francisco.

– Como isso aconteceu? – perguntei.

– Tivemos apenas de criar um relacionamento com o doador – disse ela. – Invertemos nossos papéis, da maneira como você orienta.

– Isso geralmente funciona. Mas 30 milhões? Estou impressionado.

A maioria das pessoas não conhece o poder da verdadeira doação incondicional. Estão preocupadas demais em descobrir o que vão *receber*. Passam a vida tentando medir seus esforços com base no provável retorno e gastam seus dias em hesitações e cálculos. No final, acabam não recebendo muito. Se dessem em vez de tentar receber, o Universo lhes daria tudo de volta.

Há alguns anos, na Universidade do Arizona, um jovem auxiliar técnico de atletismo, chamado Mike Bassoff, conseguiu uma ótima reputação no recrutamento de atletas para a universidade. Após a morte do técnico principal, de quem era muito próximo, Bassoff ficou perplexo e traumatizado, sem saber o que fazer com sua carreira. Já estava perdendo o gosto por treinar até que surgiu uma oferta. Por ter tido sucesso em organizar uma maratona aberta para captar doações, Bassoff recebeu uma proposta da diretoria da universidade para trabalhar como arrecadador de fundos. Seu principal trabalho seria realizar todo ano a maratona beneficente.

"Eu estava um pouco preocupado com a ideia de ser um arrecadador de fundos. Vim de uma pequena cidade operária em Nova Jersey e não tinha qualquer experiência com coquetéis, country clubs ou partidas de golfe", disse Bassoff. "Eu temia que não me encaixasse ou que não fosse capaz de entrar no jogo. Sabe como é: sujeitos ricos papeando com outros caras ricos em busca de dinheiro no campo de golfe. Não conseguia me imaginar numa cena dessas."

A maioria das pessoas alimentaria o lado negativo daquela situação, transformando a história da infância passada num bairro humilde de Nova Jersey numa história de limitação. Mike poderia tê-la usado para viver explicando por que nunca se tornou tão bom em arrecadar fundos.

Mas ele optou por não fazer isso.

Mike decidiu tornar aquela história parte de sua força e de seu encanto. Foi apenas uma escolha. De algum modo, Mike Bassoff sabia de algo que levei alguns anos para aprender: nós *criamos* a verdade por meio de nossas ações e de nossos esforços corajosos.

Logo ele recebeu uma grande tarefa além da maratona aberta anual. Foi encarregado de levantar dinheiro para a construção do novíssimo Centro de Câncer do Arizona. Foi nesse momento que Mike me telefonou e pediu ajuda. Ele tinha gostado de uma campanha de publicidade que ajudei a promover para um político local que acabara de ganhar uma disputada eleição e achou que eu poderia ajudá-lo a criar algumas peças de divulgação para seus projetos.

Todo mundo dizia que arrecadar fundos era difícil, ou pelo menos essa era a versão corrente. Era preciso negociar favores, papear e bajular gente rica. Após certo tempo, Mike e eu descobrimos que se tratava de uma história muito limitadora. É realmente difícil e desagradável pedir que as pessoas doem seu dinheiro ganho com tanto suor, mas alguém tem que fazer isso.

Mesmo muitos anos depois, com consultores viajando por todo o país e demonstrando a vários grupos de arrecadação de fundos como nosso sistema de "inversão de relacionamento" funcionava, continuávamos encontrando "a história". Víamos pessoas fazendo tudo o que podiam para evitar a pior parte da arrecadação de fundos: o aterrorizante evento que chamam de "O Pedido". Há muitas que se ressentem de gente rica, gastando todo o seu tempo no escritório *se preparando* para suas apresentações. Quando partem para pedir dinheiro e chegam ao escritório ou à casa dos possíveis benfeitores, o primeiro pensamento é: "Poxa, *NUNCA* vou me identificar com essas pessoas! Não faço *a menor ideia* do que é ser rico assim."

O problema está bem aí: *NUNCA vou me identificar com essas pessoas!*

Se você não consegue criar uma identificação, não consegue ajudar ninguém. E, de certo modo, Mike e eu sabíamos que, para conseguir doações, era preciso assumir a postura de ajudar o doador. Estávamos ali para ajudar o doador a visualizar o seu sonho de fazer uma diferença no mundo.

Portanto percebemos que o sistema arraigado e falho era o seguinte: *Não consigo me identificar com você, mas, por favor, me dê dinheiro*. Pessoas assustadas fazendo algo que detestam. Como alguém poderia considerar agradável essa abordagem de pedinte?

Então Mike e eu percebemos que, para sermos bem-sucedidos nesse ramo, precisávamos modificar o sistema. Deveríamos focalizar em dar, não em receber, pois só invertendo o jogo estaríamos fazendo algo de que gostávamos.

Mas o segredo da diversão é o trabalho. Assim, Mike Bassoff trabalhou duro para seus doadores, de maneira desproporcional ao que tinham doado. Ele lhes fornecia informações sobre o câncer, levava médicos às suas comunidades que apresentavam slides sobre as últimas descobertas nas pesquisas. Ajudou parentes a viajar para outros estados no intuito de se consultar com especialistas, em busca de uma segunda opinião. Tratou os benfeitores como se fossem ouro. Seguia sempre este método: doava mais que o doador.

Se eu colocasse você diante de um piano e dissesse "Divirta-se durante a próxima hora", a medida da diversão que poderia ter com o instrumento dependeria do esforço que você investiu em aprender a tocar e praticar ao longo dos anos.

A relação entre trabalho e diversão é sempre escondida por publicitários e outros entusiastas do prazer instantâneo. Às vezes ficamos até *ofendidos* com a ideia do esforço. Quando um político sugere uma alternativa para um subsídio, talvez um incentivo ligado ao trabalho efetivo, a mídia e os grupos políticos dominantes consideram isso degradante e ofensivo. Como alguém ousa sugerir mais trabalho?

Quando era auxiliar técnico de atletismo, Mike Bassoff gostava de recrutar novos talentos. Era excelente nisso. Seu desempenho ultrapassava o da maioria dos outros técnicos universitários por causa dos relacionamentos que estabelecia com as famílias dos atletas. Isso foi graças ao esforço que investiu em aprender a se identificar e a se relacionar. Ele se dispunha a dedicar muito tempo e atenção às famílias dos atletas. Era o doador na relação, não o recebedor.

Percebemos então que, a fim de que nossos projetos de

arrecadação de fundos obtivessem sucesso, deveríamos fazer a mesma coisa. Para isso, teríamos que mudar a própria história da arrecadação de fundos – de uma história de receber para uma história de doar. Uma vez que colocamos isso em prática, operamos milagres.

CAPÍTULO 14
Você escolhe: prazer ou felicidade?

"Na última vez que vi Elvis, ele estava atirando numa TV em cores, os telefones não paravam de tocar no quarto de motel cor-de-rosa, e o resto é história."

– Neil Young

Tenho um amigo que planejou sua vida com muito cuidado. Ele aceitou cedo a história de que ser bem-sucedido financeiramente e poupar dinheiro lhe permitiria desfrutar uma aposentadoria precoce. E, claro, alguém que se aposenta cedo é incrivelmente sortudo, não é mesmo?

Assim como é sortudo aquele sujeito (todo mundo conhece alguém assim) que nunca precisou trabalhar na vida. Quando alguém ganha uma grande herança, as pessoas dizem, com inveja e admiração: "Ele nunca mais terá que trabalhar!" Como soa bem.

O problema é que meu amigo é infeliz.

Não usarei seu verdadeiro nome aqui – vou chamá-lo de Fortunato. Fortunato perambula por sua casa, assim como Hugh Hefner (fundador da *Playboy*), de pijamas e chinelos. Não é o paraíso? Não, ele é triste.

Ele tem uma sensação incômoda de que não está fazendo algo. Mas o quê? Não está produzindo? Não está criando? Não está contribuindo? Não é importante? Ele não consegue descobrir. Então organiza muitos encontros sociais com outras pessoas que também não têm nada para fazer e, juntos, eles conversam, contam casos e bebem. Logo a sala está cheia de grande alegria e risadas. Mas o que acontece na manhã seguinte? Fortunato vaga com seus chinelos, bebe café, lê o jornal e pensa: "Estou lendo. Isto é bom, não é?" Mas ele não se sente bem.

Fortunato sempre se imaginou aposentado, e sua visão se baseava no conceito de prazer. O que dava prazer a ele? Viagens. Festas. O luxo de poder ler na manhã já alta, depois sair para a varanda e ler durante a tarde. E em seguida se encontrar com pessoas em coquetéis. Quanta satisfação!

Mas o que Fortunato não imaginou foi como tudo na vida é relativo. No passado, esse "prazer" se devia amplamente ao fato de que ele acabava de encerrar um brutal mês de trabalho duro, longas horas, projetos difíceis e esforços exaustivos. Portanto os prazeres eram vividos com uma sensação latente de satisfação. "Trabalhei tão duro... Mereço esta vitória", pensava Fortunato.

Seu grande problema foi que ele nunca soube enxergar a diferença entre prazer e felicidade. Para ele, eram praticamente a mesma coisa. Quando tentei lhe explicar, ele disse que eu estava "diferenciando seis de meia dúzia". "Semântica!", disse ele. Mas insisti nisso. Eu pagara um alto preço para aprender essa lição.

Para mim, o prazer é o ego buscando a satisfação instantânea. É o segundo pedaço de bolo de chocolate. A felicidade, por outro lado, é fazer uma caminhada pesando alguns quilos a menos e sentir mais energia por conta do novo programa de exercícios e da alimentação saudável. A felicidade, em geral, é o sentimento de ter mais controle sobre minha força vital. O prazer, por sua vez, não dura.

Para que serviu essa aposentadoria precoce afinal? Por que ninguém nunca diz que isso pode ser um pesadelo e não um sonho? "Por que a raça humana não se importa mais comigo agora que estou aposentado?"

Fortunato chama a mulher, que está atracada com alguma máquina moderna de exercícios, tentando extrair sentido de sua própria aposentadoria ao trabalhar o corpo.

– Família! – grita ele para a escada em caracol. – A família é o sentido!

– De quê? – ela grita para baixo, enquanto sopra e bufa no aparelho.

– Da vida! – grita Fortunato.

E a mulher apenas balança a cabeça, desejando que o marido encontre algum tipo de passatempo que o ocupe mais do que ler jornal, acompanhar os esportes e comparecer a um ou outro coquetel.

Ele pega o telefone e começa a digitar o número de sua filha, até lembrar que ela está no trabalho. É horário de expediente no mundo em que ela vive. A filha está em sua firma de contabilidade. "Uau", ele pensa. Ela adora números, sempre amou os números e a música, e Fortunato adorava dizer a ela como as duas coisas eram ligadas. Ele até pensara em escrever um livro intitulado *A matemática da música*.

– Mas quem vai ler isso? – grita ele para o andar de cima, sem resposta.

Assim, esse homem a quem estou chamando Fortunato vive mais em tormento do que em paz. Ah, mas não é essa a história que ele conta. Sua história diz que ele está no paraíso, fazendo tudo o que sempre desejou fazer.

A verdade é que Fortunato foi desiludido pelo prazer. Ele descobriu que não se alcança a felicidade acumulando mais prazer. Parecia possível, mas jamais aconteceu. Nem com ele e nem com ninguém.

Às vezes, quando estou dirigindo e ouvindo algumas das minhas músicas favoritas de Elvis Presley, meus filhos, minha mulher e outros familiares perguntam: "Este é o jovem ou o velho Elvis?" Eles sabem como o "jovem" Elvis era excelente. Aquela voz era fantástica. O poder e a liberdade de expressão eram arrebatadores. O Elvis "velho" (embora não tão velho em idade) soava muito mal. E se sentia muito mal. Foi triste testemunhar o prazer levando-o ao fundo do poço.

Quando observamos a vida de Elvis Presley, mesmo que superficialmente, vemos a luminosa felicidade estampada em seu rosto enquanto trabalhava duro no início da carreira, fazendo todos aqueles discos maravilhosos. Histórias circulavam dizendo que ele gravou 30 vezes para tornar "Hound Dog" perfeita. O *trabalho* necessário era estimulante e valeu muito a pena. Numa apresentação do jovem Elvis na TV, víamos a alegria em seu corpo e em seu sorriso. Era um homem cheio de vida e de energia.

E então o que aconteceu? É possível ouvir seu declínio na própria música. Perceber sua voz se tornando mais áspera e menos inspirada a cada ano que passava. Seus filmes ficavam piores. Ele engordou. E mais tarde apareceram histórias sobre o hábito de acumular prazer após prazer. A gula e as drogas. A quantidade de entorpecentes encontrada no corpo dele foi impressionante. Tanto prazer, tão pouco tempo de vida.

Morto aos 42 anos.

Prazer não é felicidade, mesmo que espalhemos a história de que é.

"Estamos bastante ansiosos por nossas férias", disse minha amiga Yvonne há alguns meses. "Será maravilhoso. Viajar sem preocupações, comer bem e ler nas horas vagas. Estamos economizando para isso há muito tempo. Fico feliz por Jeffrey finalmente poder tirar uma folga para desfrutar algo assim. Estou preocupada com ele. Temo que possa ter um ataque do coração por tantas horas de trabalho e estresse. Essas férias serão ótimas para o meu marido."

Um mês mais tarde, perguntei como tinham sido as férias, e Yvonne não quis falar a respeito. Ela e Jeffrey estavam fazendo terapia de casal, e o verdadeiro problema começara naquelas férias.

"Dissemos coisas horríveis um para o outro", ela me contou. "Tivemos que analisar nossa relação. Precisamos descobrir se ainda nos amamos."

Eles achavam que poderiam superar sua falta de *felicidade* com um pouco de *prazer* na Polinésia. O casal não sabia que se tratava de duas coisas completamente diferentes.

Lembro-me de meu pai dizendo que a época em que ele e minha mãe foram mais felizes foi quando eu era bem pequeno.

"Ambos trabalhávamos muito. É irônico que aqueles tenham sido os bons tempos", dizia ele, sem compreender. "Após uma semana de trabalho, passávamos o fim de semana juntos fazendo reparos em nossa pequena casa e cuidando de nosso jardim. Eu não tinha muito dinheiro, então era um grande evento comprar cerveja, chamar alguns vizinhos à noite e nos sentar no jardim olhando o céu e conversando sobre jardinagem e os consertos que estávamos fazendo."

Posteriormente, mais prazer foi adicionado e, como sempre acontece, mais felicidade foi subtraída. Minha mãe recorreu aos remédios para preencher o vazio, a profunda lacuna que o excesso de prazer acarreta, e meu pai evitava isso fazendo mais viagens de negócios do que precisava, pilotando seu próprio avião e bebendo demais.

Se as pessoas pudessem compreender a diferença entre felicidade e prazer, evitariam muita dor. O prazer traz dor, e a felicidade traz mais felicidade ainda. Será que é tão difícil perceber isso?

A história de Fortunato dizia que a aposentadoria precoce

é uma coisa boa com que todos deveriam sonhar. Só que não foi o que aconteceu.

Mas poderia ser? Creio que sim, se percebermos a relação entre o trabalho bom e desafiador e a felicidade. Já citei alguém que é o oposto de Fortunato: Terry Hill, que escreveu comigo o livro *Two Guys Read Moby-Dick* (Dois caras leem Moby-Dick). Terry percebeu rapidamente que, para fazer com que sua própria aposentadoria precoce desse certo, ele teria que trabalhar. Assim, criou uma disciplina bastante rigorosa para escrever um livro.

Terry escreveu um romance de mistério tendo como cenário o mundo da publicidade, sua vida anterior. Também passou a se dedicar à arte e trabalhou duro naquilo. Até expôs em Nova York. Logo no começo de sua aposentadoria, Terry intuiu que o prazer poderia acabar com ele.

Mas ele é um caso raro comparado à maioria de nós. Não compreendemos isso. Tentamos *evitar* o trabalho, nos livrar dele. Chegamos ao ponto de ajudar nossos filhos para que eles não "tenham" que trabalhar, deixando-lhes grandes somas de dinheiro.

Procuro lembrar a mim mesmo todos os dias que quero trabalhar para permanecer são. E, para fazer isso, devo mudar continuamente a história em minha cabeça sobre aposentadoria precoce. Se eu de fato me "aposentar", quero aumentar o trabalho, não diminuí-lo. Ninguém quer outro Elvis vagando pela casa.

CAPÍTULO 15

Rumo ao glorioso desabrochar infinito

"Quando você percebe que o objetivo é o caminho e que você sempre está nele, não para alcançar uma meta, mas para desfrutar sua beleza e sabedoria, a vida deixa de ser um fardo e se torna natural e simples, um êxtase em si mesma."

– Sri Nisargadatta Maharaj

Que caminho você escolherá? Sua jornada em tal caminho é mais importante do que sua história.

Permita que os outros conheçam sua jornada e contem sua história. A de Lázaro foi contada por pessoas que a testemunharam, não por quem realizou a cura. Não se preocupe em contar nada. Viva com entusiasmo e os outros o seguirão tomando notas.

Quando você deixar a sua vida se voltar mais para sua jornada, poderá reinventar a si mesmo, ou seja, poderá abandonar velhas histórias.

Recebi um e-mail na manhã em que redigia este capítulo. Decidi abri-lo e depois voltar ao livro. Duas coisas sem relação, eu pensei, até começar a lê-lo:

> Caro Sr. Chandler,
>
> Meu amigo me recomendou seu livro sobre reinvenção (*Reinventing Yourself*), e, embora eu sentisse que nada poderia me salvar de mim mesmo (sou viciado há 20 e tantos anos e

já entrei e saí diversas vezes de desintoxicações, relacionamentos desajustados, programas de 12 passos, etc.), concluí que não seria possível ficar pior do que estava, e assim resolvi comprar o livro. Naquele momento, um mês atrás, fazia 37 dias que eu estava limpo de um debilitante hábito de cocaína que já durava 15 anos.

Sou um adulto de 40 anos que precisa desesperadamente crescer. Minha mãe sempre me dizia: "Peter, não há lugar para uma criança no mundo adulto." Eu culpava todos ao meu redor pela minha existência infeliz, meu vício em drogas, etc. Por que tudo tinha de "acontecer" comigo? Costumava refletir sobre essa questão quando estava drogado. Odiava a mim mesmo, não me achava bom para nada. Por que me esforçar? Fiz terapia, programas de 12 passos, cursos de psicologia e tentei praticamente tudo, menos o suicídio, para descobrir o que há de errado comigo.

Mas foi o seu livro que acendeu uma chama na minha alma. Sinto que, à medida que leio cada capítulo, você me dá coordenadas, um plano para viver neste mundo – algo que ninguém me ensinou enquanto eu crescia. Sou totalmente desorientado. Vivo impotente por bancar a vítima e culpar todo mundo por meus problemas e encontrava qualquer desculpa para não ter um emprego adulto. Mas finalmente decidi me tornar DONO da minha vida. Estou cansado de ser a vítima.

Na semana em que iniciei a leitura, decidi pensar em investir numa carreira. Adoro animais e comecei a pesquisar sobre pet-shops. O que eu faria no papel de dono da minha vida? Entrevistaria pessoas que trabalham em lojas para me informar sobre o ramo – e foi o que fiz. Então convenci o proprietário de uma loja de animais a me admitir como aprendiz pelo mês de dezembro.

Seu livro me ensinou a seguir meus sonhos. Eu sempre me

escondi atrás de desculpas. Pensava como vítima e me "sentenciava" a não ter esperança, sonhos nem vida. Sinto-me muito bem por estar finalmente no mundo dos vivos!

Um feliz ano-novo para você e sua família!

Peter M., do Oregon

Peter está vivenciando sua jornada. Aquela velha história agora é uma lembrança ligeiramente obscura e frágil para ele. Antes, era séria, grave e parecia muito verdadeira: ser viciado, um homem imaturo, incapaz de se adequar ao mundo adulto.

Peter é o único indivíduo inadequado para a vida adulta? Se ele é, todos somos. Todos precisamos representar nossos papéis de adultos enquanto suprimimos a energia e a alegria infantis. É irônico que o que mais entusiasmava nossos pais em nós – as primeiras palavras, os primeiros passos – logo se tornaria sua maior fonte de irritação.

A princípio era: "Oh, meu Deus, ele disse alguma coisa! Uau! Você ouviu? Ele disse 'Pa', ou talvez 'Papai'! Sim, acho que ouvi 'Papai'!" Abram o champanhe. As primeiras palavras do bebê!

O grande momento seguinte acontece quando o bebê caminha. Vejam como ele anda. Todos celebram enquanto ele cambaleia pelo quarto em direção aos braços da mãe ou do pai. Caramba! Vamos comemorar.

Mas não demora muito até que essa alegre expressão verbal e física comece a se tornar irritante. Logo a criança passa a ouvir: "Quieto! Calado! Nem um pio!" O quê? Pensei que estavam celebrando o fato de que ele já pode falar.

Em seguida, vem isto: "Ei, sentado! Sente AÍ! Pelo amor de Deus, fique parado UM MINUTO! Pegue uma cadeira, Peter, e fique quieto!" Espere um segundo. Eu achava que tinham chorado de alegria com a habilidade dele de caminhar pela sala, e agora isso é um problema?

Sim, é um problema. Se você quer ter sucesso, precisa aprender a reprimir seu entusiasmo pela vida e a servir às necessidades dos outros, não às suas. Vai prever o que agrada às outras pessoas e agir de acordo. Passará sua vida inteira tentando (em vão) viver de acordo com as expectativas alheias em relação a você.

Ou desenvolverá um vício, uma forma de se ajustar à sociedade. Uma maneira de voltar à sua essência: pura energia e criatividade. Mas o tiro sairá pela culatra e a onda de energia não vai durar. Em pouco tempo você precisará usar a droga só para se sentir normal. Drogas e álcool são a última palavra em traição, pois lhe roubam a essência. Arrancam a energia do seu futuro e lhe entregam uma grande e falsa euforia no momento presente.

Uma das melhores coisas que Peter deve notar é que há uma parte dele que não quer agir como um adulto, e esta é sua melhor parte, não a pior. Não foi por acaso que o mundo inteiro ficou fascinado pela história de Peter Pan, um menino que se recusava a crescer. O que Peter nos mostrou foi que, quando você é criança, é capaz de voar.

O Peter do e-mail finalmente percebeu que estava sendo vítima das circunstâncias e das outras pessoas, não dono de seu espírito e de seu próprio e ilimitado potencial. Ao se reinventar com a ajuda do livro, ele viu como sua história de vítima era totalmente fabricada. Se é assim, por que não criar uma nova? Por que não inventar a história de que se recuperou e está desenvolvendo uma nova vida para si? Essa poderá ser bem mais útil.

Quando a vida de Peter se tornar uma jornada, ele deverá tomar cuidado para não construir qualquer nova história de modo muito permanente, pois, se você faz isso, pode ficar aprisionado novamente. Ao passo que, se permanece na jornada e nunca chega ao fim, ela só melhora.

Não tente "chegar" ou "dar certo", pois essa é uma armadilha semelhante às drogas, que o fechará para tudo que é possível além da nova história. Sua salvação será o despertar diário para a jornada, rumo ao glorioso desabrochar infinito.

CAPÍTULO 16

Histórias que contamos para agradar os outros

"A indústria fonográfica é uma cruel e superficial vala de dinheiro. Um longo corredor de plástico onde cafetões e ladrões correm soltos e homens bons morrem como cães."

– Hunter S. Thompson

Jamais esquecerei todas as viagens e conversas com meu grande amigo e parceiro musical Fred Knipe enquanto ainda estávamos na indústria fonográfica. Fomos juntos até as capitais musicais dos Estados Unidos – Nashville, Nova York e Los Angeles –, promovendo nossas canções. Queríamos tanto agradar os produtores que nos deixamos ser humilhados várias vezes.

Um dia tivemos um encontro em Los Angeles com o lendário empresário da música Kip Cohen, da A&M Records. Estávamos muito entusiasmados e levamos amostras de nossas músicas, gravações feitas por diversos artistas. Uma atrás da outra. O Sr. Cohen se sentou em sua cadeira e ouviu atento, enquanto tentávamos decifrar seu rosto.

Depois que a última música terminou, o Sr. Cohen se virou e disse:

– Sabem, rapazes, acho que tenho de dizer uma coisa a vocês. Sinto que devo. Aí vai: não gosto quando minha esposa fica doente.

Dei uma olhadela em Fred para ver se ele havia entendido o que o Sr. Cohen quis dizer, mas ele estava simplesmente paralisado, fitando o executivo, esperando que ele continuasse. Decidi fazer o mesmo.

Em seguida, Kip Cohen disse:

– Não faz sentido. Não é racional, sabem? Nem é justo de minha parte sentir algo assim. Eu a amo, mas, se ela fica doente, acabo aborrecido com ela pela doença, e isso não faz sentido nenhum, faz? Quer dizer, não é culpa dela.

Fred e eu sorríamos e balançávamos a cabeça em concordância. Não sabíamos o que fazer ou dizer. Não, não é culpa dela, mas, sim, é compreensível, senhor, pensaremos qualquer coisa que o senhor quiser, qualquer coisa que nos ajude a conseguir que uma de nossas músicas seja escolhida pela sua gravadora, senhor.

Cohen continuou:

– Então, da mesma forma, eu não deveria estar tão aborrecido com vocês dois como estou agora. Sei que não deveria, mas estou. Quer dizer, quem pensam que *são* tocando esse monte de músicas para mim? Sabem o que me parecem?

– Não, senhor. Não sabemos.

– Parecem uma prostituta! Uma prostituta que diz que pode fazer qualquer coisa que você quiser.

Não dissemos nada. Apenas assentimos.

– Entendem o que quero dizer? – perguntou o Sr. Cohen. – Sei que são bons garotos e simpatizo com vocês. E até que essas músicas não são ruins. Estou apenas informando que sua abordagem, oferecendo dezenas de coisas sem qualquer relação comigo, não é eficaz.

– Claro, lógico – disse Fred enquanto nos levantávamos para sair. Apertamos a mão do Sr. Cohen e saímos do escritório em silêncio.

Enquanto nosso carro se afastava, perguntei a Fred:

– Você entendeu alguma coisa?

– Acho que ele reclamou da variedade e da falta de foco. Ele teria preferido uma só música, uma ótima música com a qual estivéssemos entusiasmados.

Após algumas semanas, decidimos levar a sério a sabedoria de Kip Cohen. Ele estava certo. Usamos o que aprendemos em outras ocasiões. Quando telefonávamos para outros produtores, informávamos que tínhamos "uma" música arrasadora. A teoria era a seguinte: eles vão tocá-la e, mesmo que não seja comprada, causará uma impressão. Se a impressão for boa, teremos outra chance.

Fred me ajudou a reverter em minha cabeça esse fato, que, emocionalmente, fora muito humilhante. Eu fora magoado e ultrajado pelo famoso Sr. Cohen. Mas Fred me mostrou que o mais inteligente era não ficar preso àquela história negativa sobre o que acontecera em nossa visita.

Anos depois, usei uma versão dessa sabedoria duramente adquirida ao treinar vendedores a não se comportarem como pedintes.

Fred e eu também aprendemos a concentrar nosso melhor esforço na música, não apenas no que dizemos sobre a música. As canções com as quais obtivemos maior sucesso não precisaram de qualquer propaganda. Elas pareciam promover a si mesmas.

Hoje, alguns de meus clientes também são palestrantes e autores. Às vezes escrevem um livro rapidamente e depois querem falar comigo sobre como promover a obra. Querem saber a última palavra em esquemas na internet para divulgação. Dizem que estão dispostos a realizar qualquer esforço. O livro "significa muito" para eles e por isso querem "fazer de tudo" para promovê-lo.

O "esforço promocional", porém, deveria estar dentro do próprio livro. A publicidade precisa estar contida no próprio produto, não no local de venda. Os melhores e mais vendidos livros divulgam a si mesmos. Isso acontece porque as pessoas os leem e logo comentam com seus amigos, em seguida compram novos exemplares para os familiares e, assim, a obra se espalha. A internet só aumentou a velocidade com que isso ocorre.

Portanto a questão é tentar se concentrar imediatamente no instante criativo. Esteja você escrevendo um livro, fazendo uma palestra, tendo uma conversa amigável – o quer que seja. É no momento presente que reside todo o poder. É o que chamo de "efeito Lázaro".

O poderoso efeito Lázaro pode ser aplicado a qualquer profissão. Digamos que você seja um consultor ou um profissional de vendas e que queira fechar mais negócios. Para utilizar o efeito Lázaro, você acorda e começa o seu dia com devoção. Compromete-se a transformar toda conversa num milagre. Emprega concentração máxima em cada troca com outra pessoa. Coloca foco total em todas as tarefas diante de si.

Se você aborda cada momento do seu dia dessa maneira, não terá que se promover – os outros o farão, e de graça. Não precisará se preocupar em fazer sua vida "dar certo" nem em fazer propaganda. Não terá que se dirigir ao Sr. Cohen com o rabo entre as pernas, pois o poder estará nas próprias músicas. Ele já terá ouvido falar de você.

Ao dar toda a sua atenção a Lázaro, Jesus operou um milagre e ergueu aquele pobre homem do mundo dos mortos. Ele não precisou entregar panfletos para se promover depois daquilo. Não teve que fazer um vídeo de seu encontro com Lázaro e disponibilizá-lo na internet para que todos ficassem sabendo de sua façanha. A notícia se espalhou sozinha. Até hoje falam sobre isso! Mais de 2 mil anos depois, a história ainda circula. Esse é o poder da atenção total.

Muitas vezes uso o efeito Lázaro para me despertar do

sonambulismo no qual caio no meu cotidiano. Posso estar conversando com alguém durante um intervalo num de meus seminários e surpreendo minha mente fatigada divagando, especulando se aquela pessoa é "importante o bastante" para receber minha atenção total. Esqueço que todos são importantes e que todos estão ligados, e que agora é o momento, e só agora, para me relacionar com aquela pessoa. Esqueço-me disso até que penso em Lázaro. Lázaro não era alguém muito importante, e estava morto.

Mas o nosso trabalho é acordar, nos relacionar e ver a bênção e a divindade em cada pessoa. A mais insignificante acaba sendo a mais importante. E a mais importante acaba sendo pateticamente comum, como eu e você. Portanto estamos fazendo nosso melhor trabalho quando tratamos cada pessoa como se ela valesse ouro.

Também é nosso trabalho trazer as pessoas de volta à vida. Às vezes podemos fazer isso com um elogio ou um toque de humor. É por isso que estamos neste planeta.

CAPÍTULO 17

De onde extraímos nossa força de vontade?

"O passado bate dentro de mim como um segundo coração."

– John Banville

Há muitos anos, fiz uma visita a meu mentor, o consultor Steve Hardison, e lhe pedi orientações sobre disciplina. Eu estava preocupado achando que era algo que me faltava.

Ele começou contando o que acontece quando sai para correr. Seu corpo quer parar muitas vezes durante a corrida, mas, de alguma forma, ele se obriga a seguir em frente.

Fiquei entusiasmado com esse exemplo, porque parecia ser exatamente o que eu precisava aprender. Talvez houvesse uma forma de descobrir o que controla o "interruptor de desistências" dentro de mim.

Eu estava ciente de que força de vontade e disciplina eram duas peças fundamentais que faltavam no meu dia a dia. Além disso, graças à terapia e ao meu desenvolvimento espiritual, eu sabia que, quando algo parece faltar no sistema operacional de alguém, em geral, isso se deve a uma profunda ferida de infância. A minha deveria estar me impedindo de ser disciplinado.

Eu disse a Steve:

– Acho que o que você usa como "vontade", quando corre ou faz qualquer coisa, eu devo ter abandonado em algum momento. Ou talvez tenha dado para outras pessoas.

– O que quer dizer com isso?

– Bem, acho que sobrevivo por causa da vontade dos outros. Faço tudo me baseando no que imagino que os outros queiram, não no que eu quero.

Vimos que aquela era uma posição muito fraca para mim, pois indicava que tudo era feito na expectativa do julgamento alheio. Essa é uma orientação de fora para dentro que cria passos e níveis extras no processo de ação. Concentra-se na parte externa da vida – outras pessoas e circunstâncias – e ignora a verdadeira fonte do poder. Não é de admirar que meu sentimento recorrente fosse a impotência. Eu sentia que havia um buraco em mim que precisava ser preenchido com algo poderoso, mas que permanecia vazio desde a infância.

Apenas temíveis acontecimentos externos forçavam minha vontade a aparecer. Como sistema, até que funcionava. Eu fazia minha vida continuar a evoluir ao escolher pessoas cada vez melhores a quem reagir (e a quem temer). Quando colocava algo numa categoria chamada *sobrevivência*, eu me tornava capaz de levá-lo a cabo. Era uma questão de agradar e manipular o mundo *exterior*. Assim, quando o mundo exterior parecia estar a ponto de acabar comigo, eu encontrava disposição. O que isso dizia a meu respeito? Que eu não me permitia ter vontade, a menos que o ego (minha personalidade, minha história) parecesse estar prestes a ser *esmagado*.

Acredito que, na infância, em determinado momento me fechei e me fiz de morto em reação a alguma coisa. De certa forma, programei "NÃO POSSO" como questão de sobrevivência. Agora eu precisava desenvolver uma vontade nova em folha com a qual contar, uma vontade que não estaria oculta em minhas lembranças.

Steve e eu trabalhamos nisso. Comecei a ver que a "vontade" esteve ali para que eu a usasse durante todo o tempo. Tudo o que eu precisava fazer era optar por empregá-la. Era muito simples, mas passei boa parte da vida sem perceber isso.

Steve me perguntou se eu desejava fazer algo físico para aprofundar minha revelação. Respondi que sim e, em pouco tempo, eu estava de pé diante de uma piscina muito fria na casa dele. Ele afirmou novamente que só me faltava a certeza, bem lá no fundo, de que eu tinha a vontade e o poder de fazer qualquer coisa que escolhesse.

– Você tem uma programação interna que diz "não posso" – disse Steve. – Diante de um desafio, essas palavras brotam da lacuna onde deveria estar a força de vontade. Vamos substituí-las pelas palavras "*eu posso*".

Ele me pediu que tirasse a carteira e demais objetos do meu bolso e descalçasse os sapatos. Nisso ele me agarrou, me ergueu em seus ombros e se preparou para me atirar na água. Eu o impedi. Perguntei se não deveríamos entrar na água em estágios, descer os degraus pela parte rasa para o choque não ser tão grande. Logo que disse isso, percebi o que eu estava fazendo. Lá estava ele! O *não posso* acabava de falar. Steve viu a mesma coisa.

– Você pode fazer isso – disse ele.

Concordei com ele, mostrando-lhe que tinha escolhido ir até o fim. Escolhi o *eu posso*.

Ele me atirou na parte funda e pulou na piscina logo depois. A água estava muito, muito fria, e foi libertador.

Daquele momento em diante eu me senti diferente. Percebi uma ligação com a escolha que jamais notara antes. E, só para praticar, eu repetia as palavras *eu posso*, preenchendo a lacuna ininterruptamente.

Três dias depois da minha visita a Steve, decidi observar o poder do *eu posso* em ação. Eu deveria levar cerca de 30 sacos grandes e sujos cheios de folhas e galhos do jardim dos fundos até o meio-fio da rua em frente. Quando comecei a fazer essa tarefa, observei a mim mesmo e testemunhei meus pensamentos e sentimentos, como se estivesse assistindo a outra pessoa num filme.

Decidi levar apenas alguns sacos naquele momento, em estágios. Eram pesados e difíceis de carregar por aquele trajeto, então resolvi que começaria aos poucos. Assim, levei dois e depois quatro sacos para a frente. Minha mente e meu corpo me diziam: "É o suficiente por enquanto." Na mesma hora pensei em Steve Hardison: "O corpo quer parar cerca de 10 vezes durante a corrida. Mas eu não paro." Então falei comigo mesmo: "Ora, meu corpo quer parar. Ele quer desistir agora e meus sentimentos estão de acordo." Mas resolvi mudar a abordagem. "Muito bem, você quer parar, mas experimente continuar assim mesmo. Você pode."

Voltei para apanhar outro saco e depois mais outro. Logo eu me sentia como um animal feliz, alienado das emoções humanas. Em seguida surpreendi o corpo e a mente (e os sentimentos) querendo desistir outra vez, e disse: "Veja só, corpo e mente querem parar, mas, tudo bem, vamos continuar."

Rapidamente, os pensamentos e sentimentos que queriam me fazer desistir desapareceram por completo. Eram como uma criança contrariada, indo para casa sozinha com sua bola, dizendo: "Se ninguém vai me levar a sério, eu vou embora." E assim o trabalho foi concluído. Quando acabou, me afastei e admirei uma enorme pilha de pesados e imensos sacos organizados na calçada para serem recolhidos pelo caminhão do lixo. Maravilhoso.

Talvez você não se identifique com o que acabei de descrever, pois nossas lacunas são todas diferentes. Alguns têm acesso fácil ao botão "eu posso" que controla sua força de vontade e seu poder, especialmente para algo tão simples quanto trabalho braçal. Outros têm suas lacunas onde o amor, a compreensão ou a tomada de decisões quer estar. Mas é sempre a mesma lacuna. Trata-se de uma ausência da percepção do nosso poder de escolha. É a entrega desse poder para outras pessoas e circunstâncias, de modo que a vida ocorre de fora para dentro, assustadora e perturbadora.

Os sacos de lixo podem parecer insignificantes para algumas pessoas, mas para mim eram importantes, pois, de modo geral, eu realizava tarefas desse tipo me baseando no mínimo que poderia fazer, com o menor esforço.

O que os outros vão pensar? O que esperam? Eu avaliava isso e fazia o mínimo. E é verdade que realizei muitas coisas dessa maneira. Escrevi muito, orientei, treinei e tive dias em que produzi um bocado. As pessoas diziam que eu era prolífico. Mas havia um problema por trás disso: eu fazia tudo reagindo ao que me pressionava do lado de fora. Quando o editor precisará deste livro? Será que posso conseguir mais 30 dias? Se você põe a "vontade" de lado, ela se esconde tão profundamente em seu interior que emerge distorcida sob a forma de "outra pessoa". Ela então comanda você, representada pelo "outro".

Assim, quando o prazo para declarar o imposto de renda estava se esgotando, eu entrava em ação frenética. Se certas contas importantes se encontravam prestes a vencer, eu conseguia a energia necessária para quitá-las. Se algum membro da família parecesse magoado ou se sentindo negligenciado, lá estava eu, compensando o tempo perdido. Todas as minhas ações eram uma resposta ao mundo exterior – uma perversão da vontade, da beleza da alma que quer se mostrar e se expressar como ação pura e alegre, desvinculada da pressão externa e das histórias de outras pessoas.

CAPÍTULO 18

Tanto o sucesso quanto o fracasso acomodam

"Não há sucesso como o fracasso. E o fracasso não é sucesso algum."

– Bob Dylan

O brilhante e inovador treinador de futebol americano do Texas Tech, Mike Leach, disse certa vez: "Tanto o fracasso quanto o sucesso acomodam os jogadores, a menos que eles *se obriguem* a não diminuir o ritmo."

Fracasso e sucesso são histórias externas sobre acontecimentos neutros. O fracasso poderá deprimi-lo se você se deixar dominar por ele. Terminará desencorajado e logo estará se achando um perdedor.

O sucesso tem o poder de estimulá-lo, mas talvez você fique presunçoso e vulnerável. Poderá bancar o arrogante e ignorar sua necessidade de aprender de forma contínua, aumentar suas habilidades e impulsionar sua força de vontade. O sucesso faz com que você pense que já *chegou* a algum lugar.

Elvis pensava assim. Ele foi um dos cantores mais bem-sucedidos de todos os tempos, mas sua identificação com a história do sucesso o transformou e o levou à morte.

F. Scott Fitzgerald era a verdadeira imagem de uma história de sucesso. Na década de 1920 tinha acabado de se casar com a bela Zelda e de publicar *Este lado do paraíso*. Sua vida era um conto de fadas e ele sabia disso. Naquela época, ele escreveu: "Passeando de táxi certa tarde entre enormes prédios sob o céu lilás e róseo, comecei a chorar. Eu tinha tudo o que queria e senti que jamais seria tão feliz assim novamente."

O problema é que as boas histórias também chegam ao fim. Fitzgerald entrou em pânico por sua previsão e logo tentou fugir dessa terrível sensação com prazeres cada vez maiores. Tornou-se alcoólatra e sua produção passou a se resumir a roteiros ruins para Hollywood. O maravilhoso escritor fez mal uso do seu corpo e do seu talento, morrendo aos 44 anos.

Eu estava pensando em Fitzgerald e Elvis quando recebi um e-mail de Matt Furey. Ele era campeão americano de luta romana do circuito universitário e campeão mundial de kung fu. É do tipo que vai direto ao assunto. Seu e-mail dizia: "Olá, Steve. Quanto mais você domina seu corpo físico por meio do exercício, mais fácil se torna dominar qualquer outra coisa em sua vida."

Refleti por um minuto. Sempre acreditei que dominar os demônios internos fosse uma questão de trabalho psicológico e espiritual. O que os exercícios físicos tinham a ver com isso? Voltei a ler o e-mail.

"Há uma razão para isso", escreveu Matt. "Se temos a tendência de dividir tudo nos compartimentos mente e corpo, como seria se descobríssemos que ambos são a mesma coisa? Sugiro que sejam mesmo, e não estou sozinho nessa. Na verdade, a ideia remonta a milhares de anos. Treine o corpo e você estará treinando a mente."

Não foi exatamente o que aconteceu quando fiz meu corpo carregar os sacos pesados para fora, apesar do que minha mente e minhas emoções estavam dizendo? Minha mente acabou desistindo, pois meu corpo estava em ação, e ele continuaria a realizar a tarefa de uma maneira ou de outra.

Dizem que, nos Estados Unidos, as pessoas são obcecadas pelo corpo. Todo dia vemos notícias de novos livros e programas de dietas, cirurgias plásticas inovadoras e anorexia entre atrizes e adolescentes. Mas será que damos realmente atenção ao nosso corpo? Parece mais que o ignoramos. Nós o negligenciamos ao tratá-lo como algo separado da mente e inferior a ela. Entupimos nosso corpo de refrigerantes e batatas fritas porque, em termos relativos, não nos importamos *nem um pouco* com ele.

O e-mail de Matt Furey continuava: "O propósito do exercício é aumentar a percepção de seus pensamentos, seus sentimentos, sua aparência, do modo como se move, se alonga e assim por diante. Aqueles que compreendem o que estou dizendo SABEM que você pode banir o medo por meio do exercício, para não falar da depressão e de tantas outras adversidades."

Quando mergulhei na água fria da piscina, creio que meu próprio orientador e eu estávamos tentando mergulhar para além da minha história, além de tudo que é externo, e chegar ao "*eu posso*" para ativá-lo. À medida que os meses se passaram, aquela fonte de escolha foi ativada algumas vezes e, de repente, desapareceu. Colei cartazes na parede do meu banheiro que diziam "EU POSSO", mas, depois de certo tempo, após me sentir exaurido por minhas histórias sobre viagens, prazos e a vida, eu não conseguia me lembrar do significado daquela frase. Eu lia as duas palavras na parede, mas elas me pareciam uma afirmação superficial.

Porém, na manhã de hoje, acordei realmente sintonizado com o que significam. (Obrigado, Matt.) Significam: observe seu corpo. Repare que ele vai querer desistir e a mente desejará descanso, e o sistema da personalidade ficará esperando que algo externo o ameace para poder agir. Veja como há um conforto perverso e falso nessa espera. É como se eu pudesse me esconder e repousar, conseguindo algum alívio antes da próxima onda de ameaças.

Sempre me perguntei o que o grande filósofo americano Ralph Waldo Emerson queria dizer com a frase: "É fácil viver pelos outros; todo mundo faz isso. Eu o conclamo a viver por si mesmo." Como assim? Não servir aos outros? Mas ele não disse "Não sirva aos outros". Ele simplesmente disse não *viva por eles*. Ao viver por si mesmo você poderá lhes servir ainda mais.

"Se você tem coragem suficiente para dominar seu corpo, tem coragem para dominar qualquer área da vida que escolher", disse Matt Furey. "Em contrapartida, aqueles que escolhem não dominar o corpo, entrando em desarmonia com ele, não podem dominar muito mais."

Por muitos anos, toda a história da minha vida dizia que eu era simplesmente incapaz disso. Governar meu próprio mundo era um sonho tão distante quanto poder voar. Hoje sei que não se trata de um imenso e complicado trabalho psicológico. Você precisa apenas movimentar o corpo.

CAPÍTULO 19
Uma história se desfaz

"Salte, e uma rede aparecerá."

– Sally Hogshead

Há muitos anos dei aulas na Motorola University, no Arizona. O poder e a reputação da empresa eram imensos, e eu achava que ficaria lá para sempre. Entretanto a Motorola foi perdendo alguns pontos para companhias menores, mais criativas e enérgicas, que abocanhavam boas fatias do mercado. Uma dessas companhias era bastante peculiar. Chamava-se Nokia e não era do Japão nem do Vale do Silício, mas da Finlândia.

A Nokia simplesmente *despedaçou* a Motorola com inovações em telefonia celular e revoluções que não paravam de acontecer. Com o baque, a universidade acabou sendo abalada. Ela foi praticamente fechada num programa de corte de gastos. Perdi o emprego e, mais uma vez, fui à luta em busca de reinvenção pessoal e profissional. Na época sofri muito, mas transformei isso em algo proveitoso quando retomei minha perspectiva.

A Motorola fora posta à deriva pela lealdade equivocada a uma velha história: o direito divino dos reis de se manter no poder. O presidente da companhia estava na direção por apenas um motivo: era neto do fundador. A Nokia da Finlândia era quem criava as novas revoluções em telefonia celular e sua grande vantagem estava na *ausência* de uma história. Eram novos naquilo, por isso não tinham necessidade de se apegar a quaisquer ideias tradicionais.

Compreendendo que os mais novos adotavam a tecnologia moderna mais depressa que os velhos (figurões antiquados, assustados, alheios à curiosidade e amarrados em histórias), a empresa estudou a juventude de seu país e registrou a reação a seus produtos. Enquanto isso, nos country clubs mais exclusivos de Chicago, os diretores da Motorola se sentavam e ponderavam seus próximos lances num tabuleiro de xadrez com peças cobertas de teias de aranha.

Michael Lewis, em seu impactante livro *Next*, sobre o futuro da tecnologia, concluiu que, especialmente no caso das vitórias da Nokia sobre a Motorola, os jovens apresentavam uma vantagem tecnológica sobre os adultos. Qual seria a razão dessa vantagem? *Eles ainda não decidiram quem são.*

"Eles não investem tanto numa identidade particular", disse Lewis. Os jovens são mais propensos a trocar suas velhas identidades por novas. A Nokia venceu porque compreendeu como a mente jovem é viva e desprendida.

Quando vemos pessoas mais velhas dispostas a se tornar desprendidas dessa maneira, em geral é porque estão à beira da morte. Todas as nossas velhas histórias podem evaporar em face da morte. E então a pior coisa e a melhor coisa começam a parecer iguais – a mesma oportunidade de despertar. Uma doença terminal é a pior coisa e, ainda assim, para muitas pessoas, se torna a melhor experiência, pois lhes dá uma chance de chegar à proa do barco e atirar suas histórias ao mar.

Gerard Barber trabalhava como epidemiologista clínico e pesquisador num hospital especializado no tratamento do câncer. Ele estava examinando uma paciente em fase terminal quando, subitamente, ela agarrou seu jaleco. Barber disse que ela demonstrou uma força muito maior do que pensava que fosse capaz e lhe aconselhou: "Viva sua vida, cada delicioso segundo dela."

Como é possível viver dessa forma, quando a realidade é tão difícil?

Podemos começar por perceber que a parte interna da história de nossa vida difícil é inventada. Aliás, todas as nossas histórias são inventadas. São apenas algo que contamos sobre nós mesmos, o que dizemos como autodefesa quando alguém pergunta quem somos. Entretanto, o que realmente somos não necessita desse tipo de recurso, pois está muito vivo, desperto e ativo para isso.

CAPÍTULO 20

Como acaba a sua história?

"Isto é o fim, belo amigo."

– Jim Morrison

Sua história não o libertará. Ela simplesmente acabará. Portanto pare de tentar contá-la e deixe que os outros se encarreguem disso.

Gandhi não precisou se gabar nem sequer contar sua própria história. Ele não teve de andar por aí dizendo: "Vejam o que fiz! Admirem o que realizei! Jejuei por 60 dias e expulsei os britânicos da Índia!" Ele estava apenas em sua jornada.

As pessoas que entrevistavam Gandhi tinham que andar ao seu lado enquanto ele continuava em seu passo rápido, caminhando por toda a Índia, libertando seu povo por meio da ação não violenta, com uma energia e uma simplicidade notáveis.

Qualquer um pode fazer isso. Não é preciso haver uma crise nacional para que sua vida se assemelhe à de Gandhi.

Alguns clientes meus se consideram o oposto de Gandhi, o oposto de uma pessoa bem-sucedida. Acham que já perderam batalhas demais. Costumo recomendar a eles o filme *Murderball – Paixão e glória*. Trata-se de um documentário muito interessante sobre paraplégicos que jogam uma forma perigosamente veloz de rúgbi em cadeira de rodas. A grande beleza do filme, porém, está em ver tantos jovens com pelo menos duas grandes derrotas amando a vida e tendo tanta fé e alegria. São uma verdadeira inspiração.

Esses atletas tiveram de suportar muitas histórias incapacitantes sobre si mesmos: "Sou um aleijado, sou deficiente, não tenho vida, minha aparência é estranha e tudo isso é muito difícil." Todas as histórias começaram a se fechar em torno deles como fios de seda após seus acidentes. Mas eles conseguiram reverter isso e transformar uma história de vítima em uma de heroísmo: passaram de pessoas limitadas a atletas de nível internacional; de seres repulsivos a homens atraentes, pais de família, casados e felizes.

Já citei anteriormente o especialista em retórica Kenneth Burke, que disse: "Histórias são equipamentos para a sobrevivência." São equipamentos, mas não são você.

Aqui está um exemplo do que quero dizer com isso. Muito do meu trabalho envolve ensinar pessoas que detestam vender a melhorar suas vendas. Assim, meu desafio é ensiná-las a amar o que fazem e se tornarem boas nisso. É difícil (quase impossível) ser bom em algo que você odeia fazer. Isso porque a história de detestar aquilo estará sempre no caminho.

Nos Estados Unidos, a história de aversão aos vendedores está profundamente enraizada no inconsciente coletivo. Ensinar as pessoas a serem boas em vendas é um desafio, pois elas se comportam como se estivessem mendigando. E o que funciona melhor para desprogramá-las desse feitiço maligno é fazê-las encarar sua atividade como algo mais que vender.

Logo no início de minha carreira como palestrante, eu adorava falar, mas detestava vender as palestras. Eu era (assim dizia minha história) bom em falar e ruim em vender, mas não podia fazer uma coisa sem a outra. Que situação! Que relação de amor e ódio com minha profissão! Eu vivia em conflito o tempo inteiro e me sentia estagnado.

Até que entrou em cena o meu consultor Steve Hardison, o maior vendedor do mundo. Eu o vi realizar vendas miraculosas. Também observei que ele amava cada minuto do que fazia, saltando, batendo palmas e gritando de alegria. Como eu poderia me assemelhar a ele? Parecia impossível.

– Não é impossível – disse ele –, mas você vai ter que parar de vender. Precisa aprender a vender *sem* vender.

– Ah, entendi. Contratar outra pessoa para vender para mim – afirmei.

– Não. Assim, você não aprenderia a lição. Pode fazer isso depois, se quiser. Agora deve aprender a ser ótimo nas vendas ao *não* vender.

Eu me perguntava se ele estava sugerindo algum método zen. Charadas cósmicas podem ser divertidas para algumas pessoas, mas eu precisava ganhar a vida. Estava à beira de encerrar minha carreira de palestrante e procurar um emprego estável com um salário regular.

– Por que você quer parar de fazer algo em que é bom? – ele me perguntou.

– Porque não consigo vender meu produto a ninguém...

– Sim, você consegue.

– Como?

– Ao não vender.

Lá vinha ele de novo. Vender ao não vender. Não fazia sentido.

Então ele disse:

– Não venda, apenas fale. Não tenha almoços de negócios, fale. Não atenda o telefone, fale. Se falar é o que você faz de melhor, então se concentre nisso. Venda ao falar. O que mais você ama fazer?

– Amo escrever.

– Ótimo! Então escreva. Não venda, escreva!

Ele me mostrou como realizar isso. E, após alguns meses de prática, eu falava e escrevia o dia inteiro, todos os dias. Eu não estava vendendo, mas conseguia grandes negócios. Portanto, como já contei, quando alguém me convidava para almoçar e avaliar se me contrataria como palestrante, eu fazia uma contraproposta. Dizia: "Você vai basear sua decisão de me contratar como palestrante na maneira como me porto à mesa? Por que não vamos direto ao ponto? Faça o seguinte: reúna um grupo de funcionários, peça o almoço e, enquanto vocês comem, eu falo. Tome sua decisão com base na minha apresentação."

Os clientes adoraram. Contrataram-me para várias palestras e seminários. E eu também adorava, porque tinha espaço para falar e não precisava vender.

Ah, eu estava escrevendo também! Comecei a redigir minhas propostas de treinamento com o mesmo carinho e a mesma criatividade que colocava em meus livros, músicas e poemas. Eu preenchia meus dias fazendo as coisas que amava.

Como parte da estratégia de não vender, pendurei um pequeno quadro branco no meu escritório em casa. Quando eu atendia um "telefonema de negócios" difícil, colocava os clientes no viva-voz, ficava de pé diante de meu quadro branco... e falava! Eles me faziam perguntas sobre meus seminários e eu respondia dando-lhes as melhores partes de minha apresentação, meus braços se agitando, meu corpo inteiro ativo. Chegava a dizer: "Estou diante de meu quadro branco neste momento, escrevendo três palavras. Por favor, escreva estas três palavras também." Eu me sentia à vontade e, com isso, as vendas se multiplicavam.

Com o tempo, aprimorei esse processo e me treinei para executá-lo em qualquer lugar. Eu podia assumir minha identidade de palestrante num piscar de olhos e dar adeus ao fracote tímido que detesta vendas.

No passado, eu vendia pouco porque meus clientes em potencial não conseguiam unir os pontos. Ouviam ao telefone um pedinte hesitante, assustado, apagado, servil, fraco e carente, e não viam razão para me contratar. Como poderiam? Isso é o que a história de vender pode fazer com uma pessoa. E não estou sozinho nessa. Perdi a conta de quantas pessoas talentosas já recorreram aos meus serviços porque odiavam "vender" seus produtos. Hoje eu lhes digo: "Não venda. Apenas ponha o seu serviço em ação. Faça demonstrações para as pessoas e elas comprarão."

Você é um consultor? Comece a dar consultorias! Um pintor? Pinte uma amostra para o cliente. Um limpador de carpetes? Limpe o carpete da sala dele.

A minha história dizia que eu era bom para falar e péssimo para vender. Ela não estava servindo nem um pouco à minha vida, mas agora ela não existe mais.

Talvez a sua história também precise *deixar de ser contada*. Pense nisso.

Você já parou para pensar que, na frenética batalha para "ser alguém", particularmente alguém especial e diferente dos outros, nós copiamos os outros? Imitamos para ser diferentes – não é um belo paradoxo? Lembro-me de ter visto no primeiro ano do ensino médio muitos rapazes tentando copiar Elvis e James Dean. Há alguns anos, visitei a escola secundária de meus filhos e vi que havia cerca de 100 Britney Spears caminhando pelos corredores.

Para encontrar uma identidade única, escolhemos a identidade de outra pessoa.

Por vivermos em meio a um excesso de produtos de entretenimento, é fácil encontrar identidades para roubar e cada vez mais difícil encontrar uma história única à qual se apegar e aperfeiçoar. Mas cada pessoa é importante do jeito que é, sem que tenha que demonstrar sua importância para ninguém. São as nossas histórias que nos fazem duvidar disso.

As histórias são contadas por meio de palavras, e as palavras têm uma química. Se penso que estou simplesmente "tentando ganhar a vida", meu cérebro e minha química corporal se tornam vagarosos e frustrados. Mas se eu trocar as palavras e, em vez de tentar ganhar a vida, "criar uma vida", aí terei uma nova química, sentimentos renovados, conversas mais enriquecedoras, entusiasmo – em suma, uma vida melhor.

Um jovem do norte da Califórnia, que chamarei de Joseph, se sentou comigo para conversar a respeito do ataque cardíaco que tivera e sobre como estava furioso com os diretores de sua empresa pelas péssimas decisões que tomavam.

Após algum tempo, percebi que Joseph tinha criado uma vida de história em quadrinhos. Seus diretores controlavam a companhia a partir de uma cidade próxima. Ele os via ocasionalmente em teleconferências, mas eles eram vilões de ficção para Joseph, e aquela outra cidade poderia muito bem ser um planeta diferente e maligno. Eles estavam tramando para fazê-lo sofrer. Eram alienígenas – não seres humanos, como ele.

Joseph, como todas as vítimas, era o herói dessa história. Mas esse modo de ver as coisas nunca funciona. O verdadeiro herói na vida embarca numa jornada com o coração forte. Ele pode ter sido uma vítima num estágio anterior, mas é a jornada que interessa. A ação e o entusiasmo na presente jornada são tudo de que precisamos.

Joseph, no entanto, com sua percepção do mundo dos quadrinhos, inventou uma história que literalmente atacou seu coração. Ele era uma pessoa muito boa e eu queria ensiná-lo a relaxar, mostrar que não tinha nada a temer. Queria fazê-lo enxergar que não havia inimigos e que esses diretores eram seres humanos, para que ele pudesse se acalmar e perceber que eles não estavam tentando persegui-lo.

– Não é aquilo que eles fazem que perturba você, Joseph. É a sua *interpretação*. Todos somos intérpretes. Não somos afetados pelos acontecimentos até o momento em que interpretamos, isto é, até que contamos uma história sobre o evento. O que machuca é a *história*.

Walter Chrysler achava que o verdadeiro segredo do sucesso era o entusiasmo. Depois ele pensou mais um pouco e mudou de opinião. Mais do que entusiasmo, o segredo é a *empolgação*.

Algo maravilhoso acontece às pessoas quando elas ficam empolgadas com o que estão fazendo, com alguém com quem estão saindo, com o novo projeto no trabalho, com a eficácia da nova dieta... Sabemos que, se elas *permanecerem* empolgadas, todas essas atividades serão bem-sucedidas.

Por que não podemos ser exaustos, entediados, fatigados e bem-sucedidos? Isso tornaria a vida mais fácil, não é mesmo? Talvez sim, mas o Universo não funciona dessa maneira. Ele funciona à base de energia.

Assim, o verdadeiro fator determinante aqui é quanta energia estou criando. Que acesso tenho à minha própria empolgação? Que domínio tenho sobre ela? A maioria das pessoas acha que não tem qualquer controle.

Quando eu era criança, meus pais me deram um volante de brinquedo que eu levava no carro para fingir que estava dirigindo.

"Veja, Steve está *dirigindo*!", diziam eles num tom brincalhão e animado.

Mas eu sabia que não estava. Mesmo tendo apenas 3 anos, eu sabia que não controlava o carro com meu volante de plástico. Não é preciso ser uma criança superdotada para descobrir isso.

No entanto, conduzimos nossa vida adulta com volantes de plástico, achando que não estamos controlando nada, muito menos nossa empolgação. Pensamos que acontecimentos mundiais, nossa empresa, nosso parceiro, nossa sorte, as circunstâncias e muitos outros fatores externos a controlam.

Há alguns anos, quando li a frase de Chrysler pela primeira vez, pensei: "Provavelmente ele está certo. Eu gostaria de estar empolgado com alguma coisa, assim poderia ser bem-sucedido nela." Eu ainda não havia compreendido. Não percebera que eu mesmo podia *trazer* empolgação ao evento, não precisava esperar por algo para me entusiasmar. A empolgação é alimentada por meus próprios pensamentos, não por alguma coisa externa.

Pense na frase de Alan Watts que já foi citada neste livro: "O mundo é um feitiço, um encantamento, uma maravilha, um arabesco de ritmo tão assombroso e enredo tão intrigante que somos atraídos por sua teia a um estado de envolvimento no qual esquecemos que se trata de um jogo."

Então tudo é um grande jogo? O que ele quis dizer com isso?

Sempre que eu ou aqueles com quem trabalho introduzimos o que chamo de "elemento lúdico" na atividade, a produtividade aumenta. Quando usamos contagem de pontos, recompensas, prêmios e competições divertidas, os resultados são melhores.

Portanto Watts não estava sugerindo que devemos abordar a vida de maneira frívola ou desrespeitosa. Na verdade, queria dizer o oposto: que os jogos são *mais* respeitosos com o instante presente do que uma vida inteiramente séria. Veja um golfista estudando a grama antes da tacada e observe como ele paira sobre sua bola em perfeita e imóvel suspensão – que concentração e que alegria quando a bola atinge o buraco! Por que a própria vida não pode ser assim?

Ela pode, desde que a *sua história* saia do caminho.

Eu estava trabalhando com um engenheiro eletrônico para uma empresa de computadores na Carolina do Norte, onde eu dava consultoria. Falávamos sobre estatísticas e transferência de dados, mas ele sempre acabava se referindo a sua esposa na conversa. De onde ela vinha? Da dor em sua história. O engenheiro queria relatar as tristezas que experimentava dia a dia por causa dos comentários que a esposa lhe dirigia. Ele sustentava uma história sobre sua própria importância, e ela não acreditava nela, optando por magoá-lo. Se ele dizia que era um bom pai, ela fazia um comentário sarcástico sugerindo que era mentira. Ele sentia sua história escorrer pelos dedos, e a mágoa e a raiva emergirem.

– Por que não abandonar toda essa história ridícula de "eu sou bom e minha mulher é má"? – sugeri, tentando trazê-lo de volta às estatísticas e transferências. – Deixe para lá.

Mas ele não conseguia. É incrível como sempre repetimos nossa infância. Depois que redirecionei o engenheiro para o assunto da empresa, ele passou a me dizer que era supersensível e que as pessoas o tratavam mal no trabalho. Assim, se alguém não retornava seus telefonemas, ele ficava magoado. Do mesmo modo que seus sentimentos eram feridos se sua esposa não compreendesse que ele desejava sair para pescar com os amigos.

Detestei jogar fora sua história, pois havia nela uma espécie de conforto estranho e frio para ele. Ela apresentava a esposa ferindo seus sentimentos a cada instante. E não acabava aí, porque havia colegas que também o desrespeitavam. Mas será que era realmente o que estavam fazendo? Resolvi falar com eles. Ficaram confusos ao saber das mágoas e queixas de meu cliente. A versão deles era diferente. "Nós fazemos de tudo por ele", disseram-me.

É complicado destruir uma história de vítima, pois é por meio dela que muitos mantêm sua importância pessoal. "Veja como estou *certo* e como minha mulher está errada." A vítima é o herói da história, que, por sua vez, é uma ferramenta para a vida. Mas esse tipo de história é triste e tedioso. Ou seja, tudo bem, você é o herói, mas quem quer ouvir essa ladainha? Este é o verdadeiro problema de ser uma vítima: os únicos que querem ouvir a sua história são outras vítimas. E então você atrai apenas esse tipo de pessoa para sua vida.

As vítimas deprimem umas às outras, não se animam. Você não quer isso – quer conviver com pessoas que levantem o seu astral. A melhor maneira de atraí-las é aprender a animar *outras* pessoas, ser positivo.

Comecei aos poucos a ajudar o engenheiro a descartar aquela história. Perguntei se ele tinha certeza absoluta de que os colegas na empresa o desrespeitavam. Comentei que havia conversado com todos e que eles demonstraram se esforçar muito por ele.

Pedi a ele que pensasse na possibilidade de sua percepção não ser totalmente clara e precisa. Perguntei se sua mulher poderia estar com medo, já que ele só sabia dizer coisas ofensivas. Deve ter aprendido na infância que, para lidar com o medo, precisava machucar alguém, incapacitar o outro para amedrontá-lo também – se ambos estão com medo, não é tão assustador.

Você sente um arrepio quando fica preso na sua história por muito tempo? Tem calafrios ao pensar que corre o risco de perder tudo, que as coisas podem dar errado e os projetos talvez não se realizem?

Quando você estiver realmente vivendo sua vida, quando estiver desfrutando cada segundo delicioso, não pensará se vai "dar certo". Estará aproveitando o momento presente. E a sua história terá acabado.

CAPÍTULO 21
Agora tentaremos o impossível

"Tente o impossível para melhorar seu trabalho."

– Bette Davis

Muitas vezes, meu trabalho é ajudar a identificar a chave mágica que as pessoas devem usar para evoluir. A chave para a excelência é fazer algo contra sua intuição e buscar a "parte difícil" de seu trabalho. A maioria não quer fazer isso. Prefere se concentrar na parte fácil (e suave) de sua atividade. No entanto, o que mais nos faz crescer é nos dedicar ao que não dominamos ainda.

Vamos examinar um exemplo no esporte. Digamos que você queira se destacar como jogador de basquete e seja capaz de arremessar e passar bem, mas não tenha um manejo de bola tão bom. A *parte difícil* do basquete para você é quicar a bola pela quadra sem perdê-la. Se quiser alcançar a excelência, deverá praticar mais esse fundamento a cada dia e ficar empolgado com isso, assim como Pete Maravich quando era criança. (Assista ao filme biográfico *Pistol* e veja como ele dominava a bola dia e noite, entre as aulas na escola, subindo e descendo escadas, por todo o caminho até a mercearia, da cozinha ao quarto. Chegava a dormir com a bola aninhada sob o braço.) Ele transformou a parte difícil na fácil.

Bill Gates sempre disse que as queixas dos clientes (a parte difícil para quase todos os donos de empresas) era seu aspecto favorito do trabalho. Ele as respeitava, as estudava e elaborava os novos sistemas da Microsoft se baseando nos segredos que revelavam.

Tiger Woods e seu técnico estudam vídeos dos jogos de Tiger, buscando encontrar falhas, ansiando por uma fraqueza. É *nisso* que ele quer concentrar sua ação.

A maioria de nós faz o oposto. Queremos conhecer nossos pontos fortes para relaxar e nos esconder neles. Pense nisto: as atividades que você realiza com mais facilidade estão impedindo-o de se tornar brilhante.

Ao analisar pessoas que não têm medo de fazer a parte difícil, desenvolvi minha própria versão de como alcançar a excelência. Cheguei à conclusão de que o caminho para a excelência é a diversão. Mas como aprender a gostar de algo que você detesta?

Primeiro, decida se realmente deseja dominar determinada atividade. Você não pode ser um mestre em tudo. Precisa escolher. Dada a natureza de sua jornada, quais habilidades deseja dominar? Considerando seus objetivos, tornar-se um mestre nessa atividade seria útil a você?

Se a resposta for *sim*, mãos à obra! Hora de atravessar os estágios da excelência.

O Estágio 1 é o medo. "Eu tenho medo. Tenho pavor de tentar." Vamos supor que você queira pilotar um avião. No início, sentirá medo. Lembre-se de que aprender algo novo representa um potencial dano à autoestima. Isso nos assusta.

O Estágio 2 é o ódio. "Detesto esse negócio! Tenho aulas de pilotagem e odeio passar por isso."

O Estágio 3 é neutro. "Estou bem. Posso fazer essa atividade ou abandoná-la."

O Estágio 4 é começar a gostar. "Acho que gosto disso!"

O Estágio 5 é amar. "Amo fazer isso. Quando pratico essa atividade, não vejo o tempo passar."

Em cada estágio você se sente melhor do que no anterior. E como progredir para passar por todos eles? Fazendo a parte difícil.

Esses estágios de excelência podem ser interrompidos e sabotados por suas histórias. Se estou no Estágio 1 e sinto medo, posso me limitar a contar a história de que estou apavorado demais para sequer tentar. Se me encontro no Estágio 2 e detesto esse processo, posso transformá-lo em minha realidade. "Eu pilotaria, mas detesto as aulas. Odeio estudar."

Para realmente dominar algo, é importante saber em que estágio você se encontra e não ficar paralisado. A maestria será conseguida com um esforço puro e contínuo, capaz de ultrapassar e ignorar tudo que tentar retardar o processo.

Acho impressionante perceber que a minha história, à qual dediquei tanto tempo e esforço para fazer com que as pessoas (e eu mesmo) acreditassem nela, na verdade está me sabotando e me impedindo de aproveitar minha vida plenamente. Quanto mais vejo isso, mais percebo que estou vivendo um conto narrado por um tolo.

Quando Darius Washington, o jogador de basquete do Memphis, perdeu os arremessos que causaram a derrota de seu time, ele esqueceu que tanto sua vida quanto aquela partida eram apenas um jogo.

Como levamos a sério os dramas que criamos!

Isso me lembra o jantar que tive com um homem que chamarei de Leonard. Ele me disse que não tivera sorte em nenhum de seus quatro casamentos, que acabaram dramaticamente. As mulheres estavam atrás do dinheiro dele e ocultavam seus problemas psicológicos durante o flerte. As histórias delas eram melhores do que sua realidade, contou-me Leonard.

Mas Leonard não estava disposto a ver o papel que ele mesmo estava desempenhando. Relações são cocriações, não são acidentes. Eu disse a Leonard que ele me lembrava as incontáveis mulheres que me falavam sobre os "patifes" com quem ficaram aprisionadas num casamento. Como se elas não tivessem nada a ver com a relação que levou ao casamento. Somos nós mesmos que elaboramos os enredos que criam nossos medos e desajustes.

Um rapaz que assistiu a um seminário que eu dera havia alguns meses queria me agradecer. Billy disse que minhas palavras sobre abandonar nossa história de vítima e tomar posse de nossa vida, ser dono do próprio espírito e do próprio entusiasmo fizeram muito bem a ele. O jovem me contou que tinha um tumor cerebral e que chegara à palestra com uma história de vítima "válida" por ter um problema grave de saúde.

– Eu diria que é válida mesmo – falei para ele.

Mas Billy disse que o seminário despertou sua capacidade de tomar posse de coisas que ele não estava dominando, incluindo as escolhas sobre como reagir à dor.

– Você me fez ver que talvez eu tivesse escolhas. De fato, eu ainda não havia tentado tudo. Eu quase *gostava* de dizer às pessoas que sentia dor o tempo todo.

Billy abandonou aquela percepção de sua doença e resolveu agir. Conversou com seu médico e ele o colocou num programa de controle da dor completamente diferente. Funcionou muito bem, e agora Billy se sente ótimo todos os dias.

– Estou livre da dor – sorriu ele. – Pelo menos por hoje. Mas isso é o bastante para mim. Quem possui algo além do dia de hoje?

Fiquei agradavelmente surpreso com a nova história de Billy, porque no instante em que ele disse as palavras *tumor cerebral* eu mesmo já o associara a uma história de vítima justificada. Tendemos a nos sentir intimidados por coisas assim. Mas, naquele momento, ele foi mais poderoso que eu. Uma coisa era *ensinar* o conceito de potência, outra coisa era praticá-lo. Eu me senti como o técnico Charlie Lau vendo o aprendiz George Brett alcançar a marca dos 40%.

As primeiras afirmações que ouvimos sobre nós mesmos, lá na infância, eram amplamente negativas, pois destinavam-se a ensinar e a corrigir. "Seu quarto está uma bagunça." "Como pôde ser reprovado em matemática?" "Onde está seu dever de casa?" "Por favor, vista outra coisa para visitar sua avó." "Pare de implicar com sua irmã." "Por que você nunca me escuta?" "Pode fazer o favor de mostrar algum respeito por seus colegas de turma?"

Isso lhe traz lembranças? Quando o assunto era você, em geral a história era negativa. Você até ouvia coisas boas a seu respeito aqui e ali, mas nunca eram ditas com a mesma paixão e a mesma convicção com que eram feitas as críticas. E assim você nunca levou fé nas suas qualidades. Nunca confiou nelas.

E, a menos que sua criação tivesse um forte e saudável componente espiritual, não lhe restava muito a fazer a não ser criar uma história permanente em torno de seus defeitos e decepções.

Não podemos, porém, culpar seus pais e responsáveis. Eles estavam tentando prepará-lo para o mundo. Era como se o cobrissem fortemente para a nevasca, ajudando pequenos seres humanos a sobreviver à tempestade.

Mas, como disse Teilhard de Chardin: "Não somos seres humanos tentando ter uma experiência divina. Somos seres divinos numa experiência humana."

É chegada a hora de ir além de sua história.

Assim como aquele DVD que você alugou, a sua história pode ter finais alternativos. Ou, melhor ainda: que tal não ter final? Na verdade, talvez não exista história alguma. Apenas você, apenas eu, no agora. Neste momento presente.

Abandone a sua história. Jogue-a no chão e vá em frente.

E encare cada novo dia como uma página em branco, pronta para receber o que você quiser contar.

"À medida que o verdadeiro poder de um homem cresce e seu conhecimento se expande, o caminho que pode seguir se estreita: até que ele finalmente nada escolhe, mas apenas faz de forma plena o que deve fazer."

– Ursula K. Le Guin,
O mago de Terramar

Bibliografia recomendada

Brown, Michael. *The Presence Process*. Nova York: Beaufort Books, 2005.

Checketts, Darby. *Leverage*. Franklin Lakes, Nova Jersey: Career Press, 2006.

Dauten, Dale. *A estratégia do sucesso*. Rio de Janeiro: Ediouro, 1997.

Goss, Tracy. *A última palavra em poder*. Rio de Janeiro: Rocco, 1997.

Kurzweil, Ray e Holland, Terry. *A medicina da imortalidade*. São Paulo: Aleph, 2006.

Leonard, George. *Maestria*. São Paulo: Cultrix, 1995.

Lewis, Michael. *Coach*. Nova York: W. W. Norton & Company, 2005.

____________. *Next*. Nova York: W. W. Norton & Company, 2002.

Nabokov, Vladimir. *Strong Opinions*. Nova York: Vintage, 1990.

Weil, Andrew. *Envelhecer com saúde*. Rio de Janeiro: Rocco, 2006.

Wilber, Ken. *The Simple Feeling of Being*. Boston: Shambhala, 2004.

__________. *One Taste*. Boston: Shambhala, 2000.

Wilson, Colin. *The Essential Colin Wilson*. Berkeley: Celestial Arts, 1986.

Wolfe, Tom. *Ficar ou não ficar*. Rio de Janeiro: Rocco, 2001.

Agradecimentos

Obrigado a Kathy Eimers Chandler, por sua edição e por seu apoio.

A Steve Hardison, pela consultoria; a Darby Checketts, pelo impulso; a Bernardine Mooney, pela força; a Fred Knipe, pela música e pelas maiores gargalhadas; a Terry Hill, pelo pacto e pela busca por Moby Dick; a Sam Beckford, por ser o milionário das pequenas empresas; a Ron e Mary Hulnick, pela garra; a Kevin McCarthy, pelo relatório da Modern Office Methods; a Ed e Jeanne Eimers, pelo abrigo contra a tempestade; a Jessica, Stephanie, Mar e Bobby, pela felicidade; a David Chandler, pela Ação de Graças; a Tom e Danna Fisher, pelo Natal; a John Hersey, pela liderança contagiante; a Jack Calhoun Jr., pelo humor e pela sabedoria; a Vic Clough, pelo storyboard; a Michael Bassoff, pela história de doar; a Sherry Phelan, pelas grandes mandalas; a Cindy Lou Golin, pela luz; a Rhett Nichols, pelo cuidado da Grizzly Bear; a Lee Dixon, pela meditação criativa; a Iyanla Vanzant, pelo programa; a Carolyn Freyer-Jones, pelo brilhante engajamento; a Mark Ragel, pelo compromisso com a excelência; a Dan e Rebecca Bish, pelo recrutamento; a Peter e Phil Calihan, pela oportunidade de ensinar; a Bob Reed, pelo portal para o mundo; a Jim Manton, por viver intensamente; a Gil Greer, pela objetividade; a Duane Black, por permitir o sucesso; e a Phil Booker, pelo poder da simplicidade.

Obrigado a Ron Fry e Michael Pye, da Career Press, pelos muitos anos lançando livros ao redor do mundo.

Obrigado aos alunos do programa de Liderança Centrada na Alma da Universidade de Santa Mônica, na Califórnia, pela melhor experiência de ensino de toda a minha vida.

Conheça outros títulos da Editora Sextante

100 MANEIRAS DE MOTIVAR AS PESSOAS

Steve Chandler e Scott Richardson

Se a sua equipe está desmotivada, não consegue atingir as metas e resiste às mudanças, chegou a hora de admitir que o problema está em você.

Nenhum líder – seja ele gerente, pai ou professor – é capaz de motivar as pessoas se ele próprio não estiver motivado, calmo e centrado. A colaboração necessária para o trabalho em equipe não pode ser obtida por meio de gritos, ameaças ou pressões, mas deve ser conquistada com respeito, inspiração e orientação.

Foi pensando nos conceitos equivocados que as pessoas têm sobre liderança que Steve Chandler e Scott Richardson criaram um guia prático e objetivo para ajudar você a encarar os desafios profissionais de forma mais sensata e menos estressante.

Você vai aprender a identificar os erros na sua abordagem e, sobretudo, a relaxar e transmitir a ideia de que o trabalho pode ser encarado como um jogo, em que prazer e responsabilidade andam lado a lado na busca da excelência e da superação.

NUNCA DESISTA DE SEUS SONHOS

Augusto Cury

Com milhões de livros vendidos sobre temas como crescimento pessoal, inteligência e qualidade de vida, o psiquiatra Augusto Cury debruça-se aqui sobre nossa capacidade de sonhar e o quanto ela é fundamental na realização de nossos projetos de vida.

Analisando a trajetória vitoriosa de grandes sonhadores, como Jesus Cristo, Abraão Lincoln e Martin Luther King, Cury nos faz repensar nossa vida e nos inspira a não deixar nossos sonhos morrerem.

VOCÊ É INSUBSTITUÍVEL

Augusto Cury

Esse livro fala do amor pela vida que habita em cada ser humano. Ele conta a sua biografia. Se até hoje sua história nunca foi contada em um livro, agora ela será, pelo menos em parte. Você descobrirá alguns fatos relevantes que o tornaram o maior vencedor do mundo, o mais corajoso dos seres, o que mais cometeu loucuras de amor para poder estar vivo.

Talvez você não saiba, mas você foi profundamente "apaixonado" pela vida desde que o relógio do tempo começou a registrar as fagulhas de sua existência. Não é tão simples viver a vida. Às vezes, ela contém capítulos imprevisíveis e inevitáveis. Mas é possível escrever os principais textos de nossas vidas nos momentos mais difíceis de nossa existência.

O FUTURO DA HUMANIDADE

Augusto Cury

O futuro da humanidade conta a trajetória de Marco Polo, um jovem estudante de medicina de espírito livre e aventureiro. Ao entrar na faculdade cheio de sonhos e expectativas, Marco Polo se vê diante de uma realidade dura e fria: a falta de respeito e sensibilidade dos professores em relação aos pacientes com transtornos psíquicos, que são marginalizados e tratados como se não tivessem identidade.

Uma história de esperança e de luta contra as injustiças, esse livro é a saga de um desbravador de sonhos, de um poeta da vida, de um homem disposto a correr todos os riscos em nome daquilo que ama e acredita.

PAIS BRILHANTES, PROFESSORES FASCINANTES

Augusto Cury

Formar crianças e adolescentes sociáveis, felizes, livres e empreendedores é um belo desafio nos dias de hoje. A solidão nunca foi tão intensa: os pais escondem seus sentimentos dos filhos, os filhos escondem suas lágrimas dos pais, os professores se ocultam atrás do giz.

A quem interessa esse livro? A todos os que desejam conhecer alguns segredos da personalidade e enriquecer suas relações sociais.

Pais brilhantes, professores fascinantes é um ótimo exemplo do talento de Augusto Cury: um livro cheio de valiosas contribuições para a autoestima e o desenvolvimento das pessoas.

ESCOLHAS QUE PODEM MUDAR A SUA VIDA

Hal Urban

Uma das grandes alegrias da vida é saber que sempre podemos crescer e ter mais consciência de nós mesmos. Podemos ser melhores, mais felizes e mais sábios a hora que quisermos. *É só uma questão de escolha.*

Essa é a principal mensagem que Hal Urban, autor do clássico *As grandes lições da vida*, nos oferece nesse livro. Num texto leve e repleto de citações, ele apresenta as virtudes e atitudes essenciais para conquistarmos uma existência mais significativa.

AS GRANDES LIÇÕES DA VIDA

Hal Urban

Professor premiado, que durante 35 anos se dedicou a ensinar jovens e adultos, Urban apresenta as 20 lições que considera essenciais para estabelecer boas relações com as pessoas, definir objetivos de vida e adotar os hábitos necessários para alcançá-los, saber apreciar suas próprias qualidades e se empenhar para realizar todo o seu potencial.

Sem propor fórmulas mágicas, ele trata de valores eternos como trabalho duro, honestidade, bondade e respeito, falando com sabedoria de temas como sucesso, tempo e dinheiro, bem como da importância de se ter uma atitude positiva, de ser capaz de rir e de apreciar a vida, de estar disposto a aprender sempre e de ser uma boa pessoa. Clássico na simplicidade do seu estilo e na força de seus conselhos, *As grandes lições da vida* vai ajudar você a encontrar o melhor no mundo, nos outros e em você mesmo.

PARE DE SE SABOTAR E DÊ A VOLTA POR CIMA

Flip Flippen

Para o psicoterapeuta Flip Flippen, o ponto de partida para o verdadeiro sucesso é o autoconhecimento: quando você conhece a si mesmo, pode compreender melhor as características de sua personalidade e identificar suas limitações.

Descobrir quais desses traços de personalidade mais atrapalham a sua vida é o primeiro passo do programa de superação das limitações pessoais desenvolvido por Flippen.

O segundo é elaborar um plano de ação e assumir um compromisso com o sucesso, adotando medidas práticas para transformar comportamentos negativos em atitudes positivas capazes de alavancar sua carreira e trazer benefícios para sua vida pessoal.

O PODER DO CHARME

Brian Tracy e Ron Arden

Você já deve ter ouvido falar que o charme abre todas as portas. E, de fato, ele é uma habilidade poderosa que ajuda a estabelecer relações gratificantes, ter uma vida social enriquecedora e crescer profissionalmente. O segredo das pessoas charmosas é sua capacidade de conquistar a admiração e o respeito daqueles que as cercam.

Em *O poder do charme*, Brian Tracy e Ron Arden mostram como desenvolver essa importante qualidade, dando dicas práticas para você se tornar cativante, encantador e persuasivo onde quer que vá.

O MONGE E O EXECUTIVO

James C. Hunter

Leonard Hoffman, um famoso empresário que abandonou sua brilhante carreira para se tornar monge em um mosteiro beneditino, é o personagem central dessa envolvente história criada por James C. Hunter para ensinar de forma clara e agradável os princípios fundamentais dos verdadeiros líderes.

Se você tem dificuldade em fazer com que sua equipe dê o melhor de si no trabalho e gostaria de se relacionar melhor com sua família e seus amigos, vai encontrar nesse livro personagens, ideias e discussões que vão abrir um novo horizonte em sua forma de lidar com os outros. É impossível ler esse livro sem sair transformado. *O monge e o executivo* é, sobretudo, uma lição sobre como se tornar uma pessoa melhor.

COMO SE TORNAR UM LÍDER SERVIDOR

James C. Hunter

O novo livro de James C. Hunter, *Como se tornar um líder servidor* tem dois objetivos: o primeiro é compilar de maneira simples, concisa e clara os princípios da liderança servidora apresentados em seu livro anterior. O segundo é proporcionar um guia que facilite a aplicação desses princípios em sua vida e no trabalho.

O autor acredita que liderar não é ser "chefe". Liderar é servir. Embora "servir" tenha uma conotação de fraqueza para alguns, a liderança servidora pode ter um impacto positivo em nosso desempenho como pais, treinadores, cônjuges, professores, pastores ou gerentes – afinal, todos querem se tornar os líderes que as pessoas precisam e merecem.

Conheça os 50 Clássicos da Editora Sextante

Espiritualidade/Inspiração

A cabana, de William P. Young
Muitas vidas, muitos mestres, de Brian Weiss
Jesus, o maior psicólogo que já existiu, de Mark W. Baker
Conversando com os espíritos, de James Van Praagh
A última grande lição, de Mitch Albom
O Mestre dos Mestres, de Augusto Cury
O Poder do Agora, de Eckhart Tolle

Negócios

O monge e o executivo, de James C. Hunter
Como se tornar um líder servidor, de James C. Hunter
Jesus, o maior líder que já existiu, de Laurie Beth Jones
O ócio criativo, de Domenico De Masi
Faça o que tem de ser feito, de Bob Nelson
A hora da verdade, de Jan Carlzon
Transformando suor em ouro, de Bernardinho

Ficção

O Código Da Vinci, de Dan Brown
Ponto de Impacto, de Dan Brown
Anjos e Demônios, de Dan Brown
Fortaleza Digital, de Dan Brown
As cinco pessoas que você encontra no céu, de Mitch Albom
O guardião de memórias, de Kim Edwards
A conspiração franciscana, de John Sack

Livros de bolso

Dez leis para ser feliz, de Augusto Cury
Seja líder de si mesmo, de Augusto Cury
Você é insubstituível, de Augusto Cury
Palavras de sabedoria, de Sua Santidade, o Dalai-Lama

A vida é bela, de Dominique Glocheux
Filtro solar, de Mary Schmich
Posso conseguir o que desejo, de Iyanla Vanzant
Quem acredita sempre alcança, de Peter McWilliams

Autoajuda

Por que os homens fazem sexo e as mulheres fazem amor?, de Allan e Barbara Pease
Desvendando os segredos da linguagem corporal, de Allan e Barbara Pease
Por que os homens mentem e as mulheres choram?, de Allan e Barbara Pease
Nunca desista de seus sonhos, de Augusto Cury
Pais brilhantes, professores fascinantes, de Augusto Cury
Não leve a vida tão a sério, de Hugh Prather
Mantenha o seu cérebro vivo, de Laurence Katz e Manning Rubin
A Boa Sorte, de Álex Rovira Celma e Fernando Trías de Bes
Enquanto o amor não vem, de Iyanla Vanzant
O poder da paciência, de M. J. Ryan
Os segredos da mente milionária, de Harv T. Ecker

Coleção Você S.A.

Aprendendo a lidar com pessoas difíceis, de Rick Brinkman e Rick Kirschner
Como administrar seu tempo, de Marc Mancini
Como motivar sua equipe, de Anne Bruce

Coleção Autoestima

O poder das afirmações positivas, de Louise Hay
Histórias para aquecer o coração, de Jack Canfield e Mark Victor Hansen
Lições sobre amar e viver, de Morrie Schwartz

Referência

1001 filmes para ver antes de morrer, de Steven Jay Schneider
1001 discos para ouvir antes de morrer, de Robert Dimery
1001 vinhos para beber antes de morrer, de Neil Beckett
1.000 lugares para conhecer antes de morrer, de Patricia Schultz

Informações sobre os próximos lançamentos

Para receber informações sobre os lançamentos da EDITORA SEXTANTE, basta enviar um e-mail para atendimento@esextante.com.br ou cadastrar-se diretamente no site www.sextante.com.br

Para saber mais sobre nossos títulos e autores, e enviar seus comentários sobre este livro, visite o nosso site: www.sextante.com.br

EDITORA SEXTANTE
Rua Voluntários da Pátria, 45 / 1.404 – Botafogo
Rio de Janeiro – RJ – 22270-000 – Brasil
Telefone: (21) 2286-9944 – Fax: (21) 2286-9244
E-mail: atendimento@esextante.com.br